铜仁地理

主　编　黄昌庆(中国科学院地球化学所，铜仁学院)
参　编　饶　锋　田　宇　李习瑾　曾凡勇

西安电子科技大学出版社

内 容 简 介

本书共 9 章，分别介绍了铜仁市的行政区划、地质地貌、气候与气象、森林资源、自然资源、旅游资源及产业发展、梵净山与世界自然遗产、人口及社会事业发展、地方民俗节庆美食，并在附录中介绍了铜仁市经济建设状况和铜仁市名人。

由于铜仁市的区位、地形、资源和交通现状，铜仁市在中国的经济建设布局中不适宜大力发展工业。旅游业是铜仁市政府主导发展的产业，除了历史文化景观，自然景观中的森林(尤其是梵净山)是铜仁市最为珍贵的旅游资源。鉴于旅游业对铜仁市的重要意义，本书中用较多篇幅介绍铜仁市的旅游相关资源，并特设了专门章节分别介绍铜仁的森林资源及梵净山的相关情况，以便旅游者增进对铜仁市的了解。

本书适用于要进行地方省情、市情教育的大中专学生，也适用于要对铜仁市进行初步了解的旅游者和学者。

前　言

铜仁虽然只是中国的一个市，但是其人口规模却和世界上许多中等国家相差无几。很多国家和地区都有专门的地理书，因此早些年编者就有编写《铜仁地理》的想法。在铜仁学院博士启动基金等几个项目的资助下，在铜仁学院地理教研室及铜仁市政府、气象局、林业局、农业局等单位的帮助下，我们终于完成了本书。本书共 9 章，分别介绍了铜仁市的行政区划、地质地貌、气候与气象、森林资源、自然资源、旅游资源及产业发展、梵净山与世界自然遗产、人口及社会事业发展、地方民俗节庆美食，并在附录中介绍了铜仁市经济建设状况和铜仁市名人。

本书得到了中国科学院地球化学研究所博士后项目(博士后编号 133912)、铜仁学院博士启动基金项目“铜仁市基础地理研究”(DS1201)、贵州省教育厅优秀科技创新人才基金项目“梵净山环境变化与申请世界遗产”(黔教合 KY 字(2013)151 号)和贵州省科学技术基金项目“基于自然遗产价值观的梵净山环境变化研究”(黔科合 J 字[2013]2273 号)的联合资助。

本书由黄昌庆主编，饶锋、田宇、李习瑾、曾凡勇参编。铜仁市政府、铜仁市发展与改革委员会、铜仁市农业局、铜仁市气象局、铜仁市国土勘探资源局、铜仁市林业局为本书提供了部分数据。铜仁学院杨建教授、赵斌教授以及白彬、熊波、卢德彬、胡邦红、张忠训、杨添亮、韩宗伟、姚强等同志，铜仁市气象局赵思贵、储晓春、张祝等同志，铜仁市农业局毛亚勋同志提供了部分参考资料并提出了宝贵意见。铜仁学院 2012、2013、2014 级地理科学本科班李燕、文玉林、赵俊等同学参加了书稿录入和校对工作。在此一并致谢！

本书很多内容是关于铜仁各地理要素的描述，很多专家学者已经对这些内容进行了详细的研究和描述，因此，本书的内容可能和某些学者的研究有相似甚至雷同之处。由于时间仓促，书中有些内容可能引用不规范，甚至可能遗漏了一些引用的文献，恳请相关专家学者批评指正和谅解！由于编者水平有限，书中可能还存在不足之处，敬请读者批评指正！

编者

2016 年 7 月

目　录

第一章

铜仁市行政区划

铜仁市位于贵州省的东北部，地理坐标是北纬 27° 43′，东经 109° 11′(如图 1-1 所示)，在西南地区有连接中部和东部的重要作用，素有“黔东门户”之称。铜仁市为黔湘渝三省市的结合部，且为武陵山区腹地，因其具有独特魅力的高原山水风景，故被誉为“桃源铜仁”。铜仁地区的地势平均海拔在 800 米以下，武陵山主峰梵净山位于印江、松桃、江口三县的交界处，最高海拔为 2572 米。该地区属于潮湿的亚热带气候，年平均气温为 17℃，1 月平均气温为 5.5℃，7 月平均气温为 27.5℃，年降水量约为 1200 毫米；其境内的河流都隶属于长江水系，主要河流有乌江、舞阳河、洪渡河、六池河、印江河、余庆河和锦江；矿藏有汞、钒、锰、煤、铁、磷、铅和锌。铜仁市素有“武陵市都•仁义之城”的美誉，并且是武陵山区域发展和扶贫的重要示范区、全国智慧城市、社会稳定风险评估第一个试点城市，是民族团结进步的示范区。全市辖沿河土家族自治县、玉屏侗族自治县、印江土家族苗族自治县、松桃苗族自治县、石阡县、江口县、思南县、德江县、碧江区和万山区，如图 1-2 所示。铜仁市总人口为 429.21 万人，人口密度为 237 人/平方千米，土地面积 1.8 平方千米，除汉族外全市还有仡佬族、土家族、苗族、侗族等 29 个少数民族，少数民族人口占总人口的 70.45%。

图 1-1　铜仁市在中国的位置

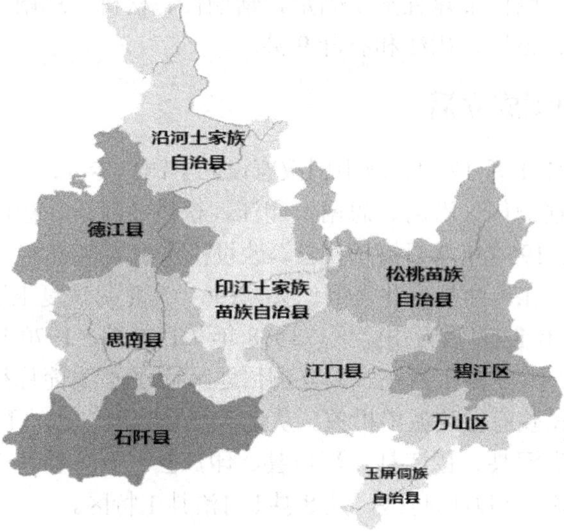

图 1-2　铜仁市行政区划图

第一节　铜仁市历史沿革

一、古代时期

史书上并未见到关于春秋战国之前的铜仁历史的确切文字记载，秦以后在部分史籍中才出现相关记载。相传在元代有渔人潜入铜岩处江底，得三尊铜人，故名“铜人”。元代设置了“铜人大小江蛮夷军民长官司”，隶属思南宣慰司。明永乐十一年时撤思南、思州宣慰司，设思南、铜仁、乌罗、石阡 4 府，均隶属于贵州布政使司。明正统三年(公元 1438 年)废乌罗府，并将其大部并入铜仁府。

二、民国时期

1943 年 2 月，贵州省改设 6 个行政督察区，第六督察区专员公署驻铜仁，铜仁市建置基本固定，辖铜仁、松桃、思南、沿河、印江、江口、玉屏、德江和石阡9县。

三、新中国成立后

1950年1月12日，新中国政府设立了铜仁专区，专员公署驻于铜仁县，辖铜仁、沿河、思南、印江、松桃、江口、德江、玉屏、石阡9县。1956年9月撤松桃县，改设松桃苗族自治县。1958年12月撤玉屏、江口两县，并入铜仁县。1961年8月恢复玉屏、江口两县。1966年12月设万山特区，1968年9月撤销，1970年8月恢复万山特区。1979年1月正式设立铜仁地区行政公署(简称行署)，作为贵州省人民政府行政派出机关。从此，行署驻铜仁县，下辖铜仁县、思南县、沿河县、德江县、江口县、印江县、石阡县、玉屏县、松桃苗族自治县和万山特区，共8县1自治县1特区。

四、改革开放后

1986年沿河县改为沿河土家族自治县，印江县改为印江土家族苗族自治县，1987年铜仁县改为铜仁市。

1984年1月，因乡级建制的变动，将人民公社改为乡、镇，经过建乡建镇的调整，将铜仁市乡级行政区划分为60个区、10个区级镇。区(镇)下辖369个乡、4个民族乡、21个乡级镇。1987年新建民族乡79个，10个区级镇、60个区乡级建制，区(镇)下辖315个乡、83个民族乡、22个乡级镇。1991年全市通过“建并撤”并报贵州省人民政府，经批复，建置为56个民族乡、39个乡、4个街道办事处、69个镇。表1-1所示为铜仁市行政区划。

2003年，铜仁市辖1个市、1个特区、8个县(其中4个民族自治县)、4个街道、69个镇、95个乡(其中56个民族乡)、2948个村委会、131个居委会。2003年末全市人口386.34万人，其中非农业人口34.01万人。

表 1-1 铜仁市行政区划

区划代码	区划名称	汉语拼音	面积/平方公里	政府驻地	邮政编码	行政区划					
						街道	镇	乡	其中：民族乡	居委会	村委会
520600	铜仁市	Tóngrén Shì	18006.41	碧江区	554300	5	79	85	46	176	2775
520602	碧江区	Bìjiāng Qū	1514.08	市中街道	554300	4	4	5	5	20	70
520603	万山区	Wànshān Qū	337.72	万山镇	554200	1	2	6	6	14	70
520621	江口县	Jiāngkǒu Xiàn	1860.14	双江镇	554400		7	2	2	9	147
520622	玉屏侗族自治县	Yùpíng Dòngzú Zìzhì Xiàn	516.58	平溪镇	554000		4	2		9	84
520623	石阡县	Shíqiān Xiàn	2165.17	汤山镇	555100		7	11	9	8	302
520624	思南县	Sīnán Xiàn	2220.67	思唐镇	565100		13	14	14	37	489
520625	印江土家族苗族自治县	Yìnjiāng Tǔjiā zú Miáozú Zì Zhì Xiàn	1857.75	鹅岭镇	555200		9	8		9	365
520626	德江县	Déjiāng Xiàn	2065.57	青龙镇	565200		10	10	10	29	316
520627	沿河土家族自治县	Yánhé Tǔ jiā zú Zìzhìxiàn	2490.95	和平镇	565300		10	12		19	429
520628	松桃苗族自治县	Sōngtáo Miáo zú Zìzhìxiàn	2877.79	蓼皋镇	554100		13	15		22	503

注：碧江区、万山区面积为区划调整前数字。

2007年末，铜仁市总面积为1.8万平方千米，总人口达397.52万人，辖1个市、1个特区、8个县(其中4个民族自治县)、79个镇、85个乡(其中民族乡46个)、5个街道、176个居委会、2775个行政村。

2011年撤销铜仁地区、县级铜仁市、万山特区，设立地级铜仁市、碧江区和万山区。铜仁市管辖碧江区、万山区、思南县、石阡县、德江县、江口县、印江土家族苗族自治县、松桃苗族自治县、玉屏侗族自治县和沿河土家族自治县。

第二节　铜仁市各县区概况

一、碧江区

碧江区行政区划如图1-3所示。

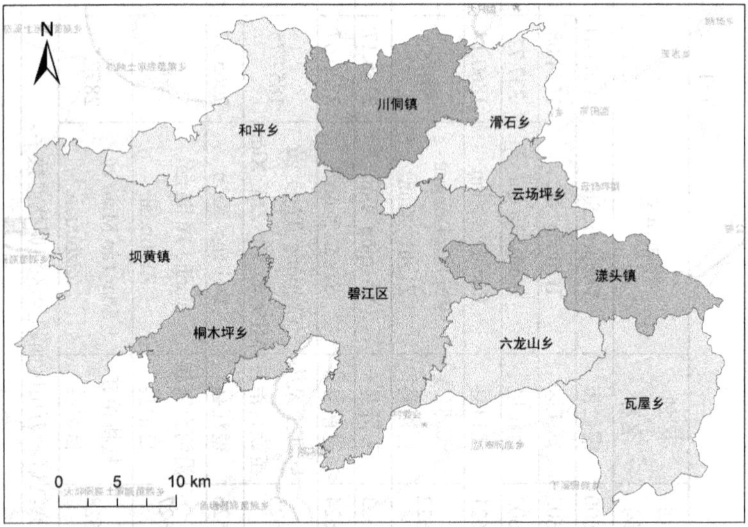

图1-3　碧江区行政区划

碧江区是铜仁市的政治、经济、文化中心，历史悠久，现已发展成为贵州省东部重要的区域性旅游服务中心、交通枢纽和中心城市。碧江区的文化、历史、自然旅游资源和少数民族风情丰富，区内有十里锦江、国家级风景名胜区九龙洞、南长城起点遗址、六龙山、周逸群烈士故居、东山寺、沈从文祖居地、傩文化博物馆等景区。碧江区的经济社会发展前景良好，近几年来其经济发展速度很快。目前，碧江区城市区域面积达 40 平方千米，城镇化率较高，已超过 51%，人均 GDP 在铜仁市的所有县区中位居第一，第三产业近年来迅速发展。铜仁市交通体系完善，形成了以玉铜高等级公路、320 国道、沪昆高速公路、渝怀铁路、湘黔铁路和铜仁凤凰机场等为重点的综合交通运输体系。随着渝怀铁路复线、长沙至贵阳客运专线、杭瑞高速公路和凤凰机场扩建等重大交通基础设施的建设，碧江区在城市经济圈的区位和交通条件将得到显著提升。将来碧江区可作为“环梵净山‘金三角’文化旅游创新区”的核心，为该区域提供更好的生活服务设施和交通设施。

近年来，碧江区加大了对九龙洞风景名胜区、天生桥景区、十里锦江等项目的开发力度，大力开发农家乐，并创建了一批星级宾馆。图 1-4 为碧江区风光。

图 1-4　碧江区风光

铜仁市碧江区旅游资源丰富。文笔峰位于铜仁市西南郊，是铜仁的地方标志之一，海拔 500 米，山上有七洞一塔，塔为六棱七层白塔。每当太阳升起，朝霞掩映在山巅之上，天幕绚丽多彩、美不胜收。在文笔峰的塔顶，可尽情观赏美景，俯视铜仁城。游人到文笔峰上香祈福，在峰脚一抬头就可以看到半山有一座寺庙——回龙寺(如图 1-5 所示)，巍峨壮观、辉煌无比。从路径两边的树荫下穿过，就可看见阶梯，拾级而上即可抵达回龙寺，寺内置有铜仁的历史文物。回龙寺的左侧是烈士陵园。回龙寺紧倚文笔洞而建，文笔洞是一个天然石洞，深三十多米，因其形似牛角，故又名牛角洞。文笔洞内有一尊连座高 3 米的汉白玉释迦牟尼坐像和一尊连座高 2.5 米的汉白玉观音大士坐像。

图 1-5　碧江区回龙寺风光

十几年前，由于交通、基础设施等旅游设施落后和投资不足，碧江区旅游资源总体开发程度低，服务设施和旅游配套设施落后，旅游业发展仍处于起步阶段，以观光旅游和农家乐为主，城市休闲旅游初现端倪。最近一二十年，在政府的大力扶持下，碧江区的旅游业快速发展。

二、江口县

江口县行政区划如图 1-6 所示。

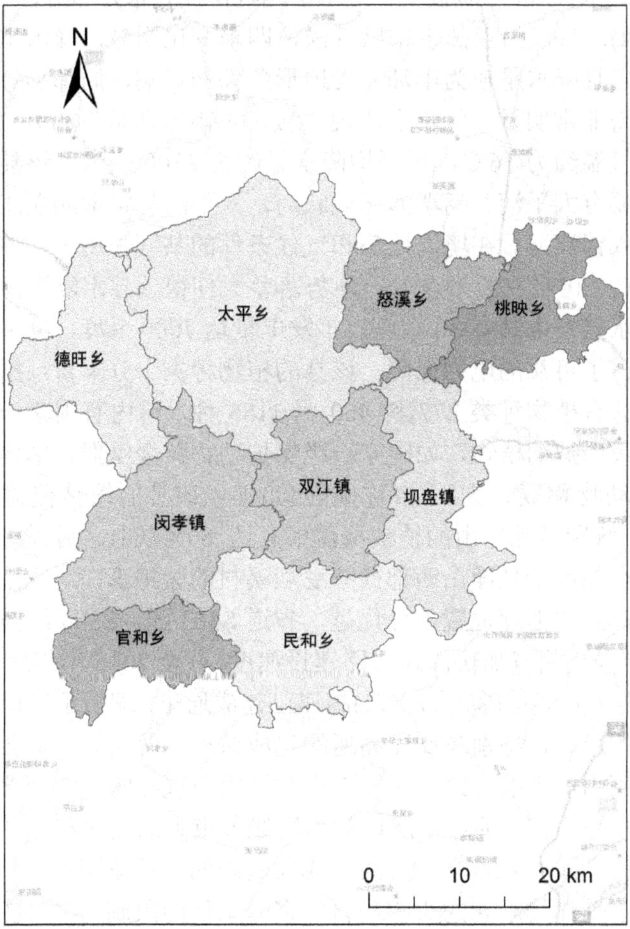

图 1-6　江口县行政图

江口县位于 108° 30′～109° 06′E、27° 27′～27° 58′N，全县总面积约 1870 平方千米。江口县东部临近铜仁市，南接黔南州岑巩县，西部与松桃县接壤，西北部接印江县，属于云贵高原地带，地势起伏大，地形以山地为主，境内最高海拔为武陵山脉主峰梵净山(2572 米)，最低海拔为闵孝镇新寨村(275 米)，海拔差大约为(2300 米)；气候为亚热带季风气候，四季变化明显，降水主要集中在夏季，且降水量较为丰沛；受地形条件的影响，局部小气候在该县体现得非常明显，经常会出现“城东下雨城西晴”的天气状况；年平均气温约为 16℃；年平均降水量约为 1300 毫米。该县境内的河流主要有太平河、闵孝河和桃映河，太平河与闵孝河在江口县城汇合流入锦江河。在境内地势和气候条件的共同作用下，该县年均降水量达 20 亿立方米左右；地势落差大使得该县水能资源丰富，建成的水能发电站有 30 余座，年发电量达 7000 余度，为区域经济发展提供了可靠的电力保障。该县的植物种类十分丰富，据不完全统计，共有植物种类 277 科 460 属 1155 种。境内有国家一级、二级、三级保护动植物，如国家一级保护动物黔金丝猴、华南虎，二级保护动物猕猴、大鲵(俗称娃娃鱼)等。该县的植被覆盖率达到 56.4%，特别是梵净山的植被覆盖率高达 80%以上。另外，江口县境内还有独产于梵净山西部德旺乡坝溪村的紫袍玉。

江口县的地理位置十分优越，省道 S303 线、S305 线横跨东西部，近年来贵州省加快高速公路建设速度，截至 2015 年年底，杭(州)瑞(丽)高速(G56)、(瓮)安江(口)高速已建成通车，缩短了江口县与临近区县的距离，特别是安江高速的建成通车，使该县与省会城市贵阳的距离由原来的 420 千米、5 小时缩短至现在的 233 千米、2 小时 30 分钟，有力促进了江口县与沿线各市县的交通和经济联系，令江口县正式融入省会经济圈，成为贵阳的“后花园”。

由于受传统观念的影响和自然资源条件的限制，江口县的工业产值一直处于十分落后的状况。近年来，该县不断优化经济发展环境，加大招商引资的力度，建立了一个省级产业园区——凯德工业园，现已有大批的省内外企业入驻。

江口县拥有肥沃的土壤、丰沛的降水和水热同期的气候等优越条件，非常有利于农业的发展。但受限于地形条件，该区域农业生产的机械化水平不高，农产品的产量并不是很高，该县盛产的经济作物主要有烤烟、茶叶、药材、葡萄、猕猴桃、木材等。

近年来，江口县大力发展旅游产业，在对已有的旅游景点进行不断完善的同时，积极开发新的旅游景点。江口县现已形成以梵净山景区为龙头，带动全县各类旅游景点共同发展的局面，有力地促进了江口旅游业和相关行业的快速发展，年接待游客数量从 2008 年的 27 万人增加到 2014 年的 3206 万人，旅游收入从 2008 年的 10848 万元增加到 2014 年的 33 亿元，对江口县经济的整体发展起到了强有力的推动作用。江口县现有的旅游景点主要有梵净山、寨沙侗寨、亚木沟风景名胜区、云舍土家民俗文化村、太平河漂流、闵孝土司城、苗匡温泉、干溪沟大峡谷等。图 1-7 为江口县风光。

图 1-7　江口县风光

三、印江土家族苗族自治县

印江土家族苗族自治县行政区划如图 1-8 所示。

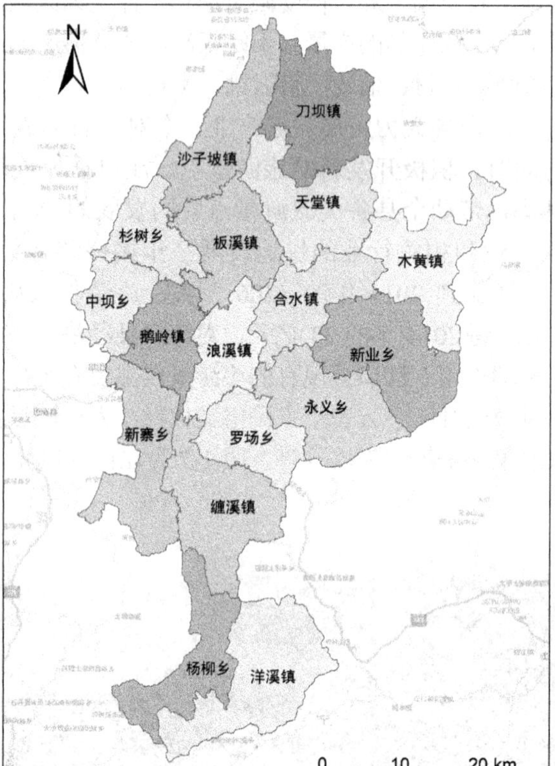

图 1-8 印江土家族苗族自治县行政图

印江土家族苗族自治县位于铜仁市中部，地处梵净山西麓。世代居住着苗族、土家族、汉族等不同民族的居民。民族的融合、历史的悠久创造出独特的民族文化，例如书画艺术傩堂戏和民间工艺、民间花灯歌等，该县素有“长号唢呐之乡”、“书法之乡”之美誉。

铜仁印江土家族苗族自治县交通设施完善，现有省级公路(S302)一条，县级公路七条，乡级公路 13 条，机耕道 190 条。2009 年铜仁市印江县与重庆市秀山县签署了修建包茂高速公路 G65 与杭瑞高速公路 G56 连接线全长 96 千米的高速公路的协议，现已实现“四小时重庆”、“八小时邻省”的公路快速通达目标。

印江土家族苗族自治县年收入较少，经济基础十分薄弱。2009 年全县生产总值仅为 21.11 亿元，第一、二、三产业结构比例低至 48.0∶18.5∶33.5，第一产业比例较第二、第三产业比例依然较高。全县城镇化率达到 25.2%，县城建成区面积已增加到 4.15 平方千米。县域内主要经济作物有梵净山绿茶、天麻、杜仲、柑橘、黄柏、银杏、烤烟等。其中，“梵净山翠峰茶”已获国家地理标志保护。

印江土家族苗族自治县的旅游业处于刚起步的阶段，交通滞后，旅游服务设施十分不足，不能够适应旅游发展的相应需要。景区建设除文昌阁、梵净山及严氏宗祠三个景点有政府加以保护之外，其它景点并不注重开发和保护。即使是梵净山，印江土家族苗族自治县对其旅游开发仍比较滞后，虽然设有入口，但是由于基础设施落后，政府重视力度小，宣传投入不足等因素，导致由印江进入梵净山的游客数量稀少。图 1-9 为印江土家族苗族自治县风光。

图 1-9 印江土家族苗族自治县风光

四、松桃苗族自治县

松桃是贵州省铜仁市的辖县，这里集聚居住着较多的少数民族尤其是苗族，故称之为松桃苗族自治县。如图 1-10 所示，松桃苗族自治县位于梵净山东麓，东经 108° 35′，北纬 27° 49′，地处湘、黔、渝结合部，北面同重庆的秀山、酉阳县接壤，东面与湖南的花垣、凤凰县相连。松桃苗族自治县苗族文化浓郁，素有“戏剧活化石”之美誉，苗族傩戏、苗家四面鼓舞、苗家狮舞、寨英滚龙等都是松桃的特色文化项目。

图 1-10　松桃苗族自治县行政图

松桃苗族自治县总面积约 3409 平方千米，属于中亚热带湿润季风气候，春季温暖，夏季炎热，秋季凉爽，冬季寒冷，四季分明，气候宜人，雨量充沛，光照充足。

松桃苗族自治县境内河网稠密，有沅江水系、乌江水系及许多支流。松桃的水热条件利于粮食作物的种植、生长发育，发展着农业、林业、渔业、牧业等多种混合农业以及以稻谷、畜牧业、烤烟、杨树、中药材为主的五大主导产业。境内有丰富的矿产资源，该地区锰的远景储量多达 9000 万吨，是我国三大锰矿基地之一。该县在利用自然资源的同时，结合本民族文化习俗等特点，加大了对服务业、旅游业等第三产业的投入，从而开创了具有本民族特色的旅游业、服务业，如独具少数民族风情特色的旅游景点苗王城、寨英古镇、桃花源景区等，并且建立起相应的服务行业，如酒店、餐饮等，促使乡村经济的发展方式转型。松桃苗族自治县风光如图 1-11 所示。

图 1-11　松桃苗族自治县风光图

松桃县的交通网络也在不断改善，建设了一些重要交通枢纽，如松桃县大兴镇的凤凰机场、渝怀铁路、凤大高速公路、秀松高速公路等。

2009年全县实现生产总值33.08亿元，人均GDP为5069元。松桃县的发展以原生态为主题，提倡原汁原味的民族风情、质朴的田园生活等意在放飞自己、给心灵一份栖息的净土的理念。“桃源铜仁，梵天净土”，指出了这片乐土的独特之处。

五、石阡县

石阡县的行政区划如图1-12所示。

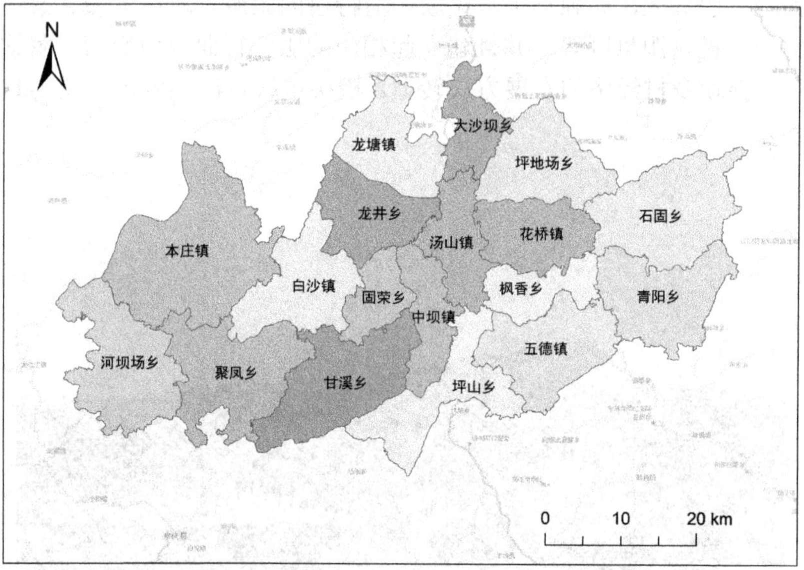

图1-12　石阡县行政图

石阡县位于贵州省东北部，铜仁市西南部，周边与江口、思南、施秉、余庆、凤冈、印江 、镇远8县相邻。全县辖18乡镇，总面积2100余平方千米，总人口38万余人，其中侗、苗、仡佬、土家等12个少数民族占人口总数的62%，多民族杂居。全县有耕地31万多亩，森林覆盖率达38%。石阡县历史悠久，历史文化遗产、名胜古迹众多，国家级文物保护单位万寿宫等明代古建筑群、省级文物保护单位府文庙、太虚洞和“红二六军团司令部”旧址都在境内。石阡县地形以高山、山地为主，有着贵州典型的喀斯特地貌，地势东南高，西北低，其县城坐落在龙川河之上，气候温和，经济较发达，是一个充满民族特色、具有浓厚民俗风情的旅游胜地。

就石阡的地形地貌和目前发展形势而言，其未来的发展以旅游业前景最好，特别是石阡古温泉群资源丰富，为旅游业发展提供了优势。石阡古温泉群中尤以城南温泉最为著名。城南温泉历史悠久，温泉洗浴方式和布局多样，温泉设置点多，温泉内景致布局独特，有露天浴、室内包间浴等。城南温泉的建筑更是独具一格，它以古老的建筑群凸显出石阡的“泉文化”，城南温泉外围是一条穿越石阡县的龙川河，长长的河畔贯穿整个城南温泉外围，整个温泉城仿佛居于仙境之中。作为国家 4A 级风景旅游区，石阡城南温泉将成为石阡旅游经济发展的首要驱动之一。

石阡县的老城区即夜郎风景文化街也是不可多得的文化旅游胜地，石阡县正在以夜郎风景文化街为动力大力发展石阡文化旅游业，促进石阡县经济的发展。古老的建筑群令人犹如穿越到古代一般，各不相同的门窗独具一格，各显风采；身临夜郎风景文化街，便能感受到我国古代建筑的精巧和神秘之处。夜晚时分老城区的景象更令人赞叹：河面上古建筑和灯笼的倒影随着水波微微起伏荡漾。石阡县风光如图 1-13 所示。

除城南温泉、夜郎风景文化街外，石阡县内禹王宫和万寿宫也是古老的文化旅游胜地，这些建筑大约修建于明代，建筑风格独特，是当地人民的祭祀场所。万寿宫内的木雕人物各式各样、栩栩如生，和禹王宫一样，其宏伟的建筑巧妙地凸显出了广大石阡人民的智慧与勤劳。

石阡茶文化历史悠久，始于唐代，在明代最为活跃。石阡县茶园种植面积较为广泛，身处茶园会有一种令人心旷神怡的清爽舒适之感。而从经济发展角度来看，石阡的茶文化是现在乃至将来提升与发展经济的主力之一。

图 1-13　石阡县风光图

龙塘镇是石阡县 18 乡镇之一，是石阡县具有代表性的乡镇，位于石阡县城西北部，距县城 19 千米，分别与石阡县汤山镇、大沙坝乡、龙井乡和思南县瓮溪镇、汤头镇、板桥乡、三道水乡接壤。据《石阡府志》记载，龙塘镇驻地有迎仙峰，峰下有泉，泉涌就地成塘，故名龙塘。全镇行政区域总面积 103.13 平方千米，辖 6 个行政村、206 个村民组、9478 户，总人口约 4 万，境内居住着仡佬、侗、苗等少数民族，是全县接边较多较长且交通闭塞的典型山区农业镇。

龙塘镇境内属于中亚热带季风湿润气候区，气候温和，冬无严寒，夏无酷暑，年平均温度为 16～17℃，年日照时数 1334 小时，年降水量 1050～1150 毫米，年活动积温 4920～5289℃，年无霜期

305 天，农作物一年两熟制，适应各种农作物生长，主产水稻、玉米、小麦等粮食作物，经济作物有茶叶、烤烟、油菜、花生等。

龙塘镇矿产资源丰富，主要有石膏、硫黄、煤等。煤层分布地带在龙塘向斜两翼，储量为 825 万吨，理论储藏量 900 万吨，可开采量有 300 万吨；有铁矿 9 处，储藏量 204 万吨；大理石主要分布在艾家坪村和大园子村，预计储量 80 万立方米。龙塘镇土地总面积 103.13 平方千米，其中耕地面积 20.93 平方千米(田 12.93 平方千米，土 8 平方千米)，人均耕地 546.66 平方米；园地面积 8.83 平方千米；林地面积 15.12 平方千米；牧草地面积 12.50 平方千米；建设用地面积 3.77 平方千米；交通用地面积 0.45 平方千米；水域面积 0.32 平方千米；未利用地面积 41.21 平方千米。其主要土壤为黄壤和黄色石灰土。

龙塘镇水资源较为丰富，渠道 4 条：丁场屯沟渠、黑滩河沟渠、黄腊岩沟渠、水塘沟渠；山塘 6 座：灰木冲山塘、上下白泥塘山塘、田坝山塘、杨家山山塘、周家湾山塘；河流有川岩坝河流和集镇小河流。镇域内有地热资源一处(两叉河)，流量 3 升/秒，水温 37℃。利用这种特有的水资源，酿造了颇具经济价值的高粱酒。此酒中富含大量有机酸，非常适宜人体饮用。

龙塘镇森林面积 4 千余平方米，全镇森林覆盖率 47%，珍稀树种有楠木和红豆杉等，经济林树种有软籽石榴和桃子等。

由于属于喀斯特地形地貌，地质构造复杂，龙塘镇大部分村寨处于丘陵山区地带，适宜的气候条件和独特的地理条件决定了该镇以茶产业为主导，是大屯万亩有机茶示范园的核心地带。

2011 年龙塘镇被省农委、省旅游局授予“最美茶乡”的称号。

除上述乡镇以外，尧上仡佬族村寨、楼上村寨、长寿村、鸳鸯湿地公园、王德万亩桃园和五峰山等都是石阡重要的旅游景区。在国家政策的大力扶持和现代经济迅速发展的作用下，这些景区的发展前景不可估量。石阡旅游业的发展将带动整个石阡的经济发展。

石阡历史文化悠久，人民热情而勤劳、友好而好客，他们用智慧和勤劳的双手打造了一座美丽而民族气息浓厚的文化城市。茶灯节、毛龙节、敬雀节、说春等节日和风俗让石阡更具民族色彩。

六、思南县

思南县行政区划如图 1-14 所示。

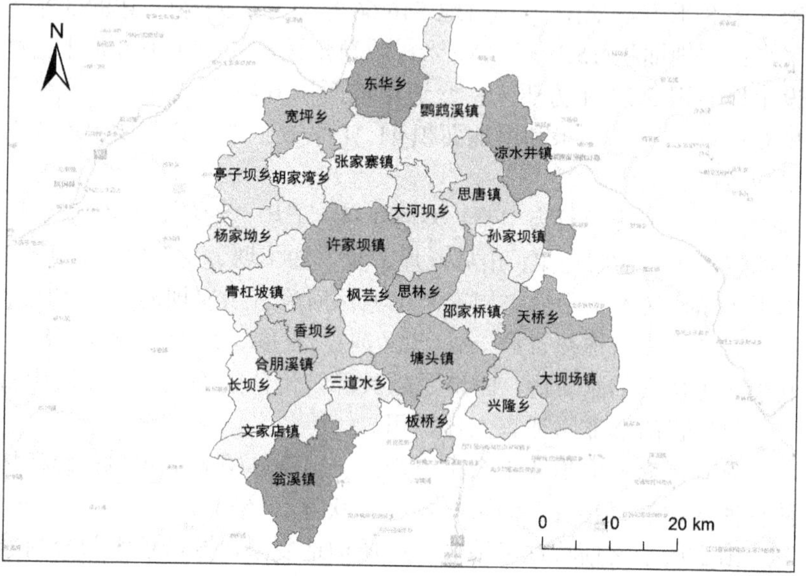

图 1-14　思南县行政图

思南县位于黔东铜仁市西部，地处武陵山腹地、乌江流域的中心地带，东与梵净山毗邻，南靠石阡县，西与遵义接壤，北顺乌江至涪陵达重庆。思南县地处贵州高原向湘西丘陵过渡的大斜坡地带的北部边缘。全县行政地域面积达 2230.5 平方千米，辖 3 个街道办事处、17 个镇、9 个民族乡，总人口 68 万，是汉、土家、苗、仡佬、蒙古等 18 个民族聚居之地。随着杭瑞高速与思剑高速的开通，越来越多的人来到思南旅游参观。思南县风光如图 1-15 所示。

图 1-15 思南县风光图

思南县的主要旅游名胜如下：

1. 乌江喀斯特国家地质公园的石林景区

该景区位于思南县长坝乡境内，距县城 70 千米。石林是思南乌江喀斯特国家地质公园的核心景区，是贵州省最大的天然石林景观，也是最具代表性的地质景观，出露面积 4.92 平方千米，地质地貌丰富奇特。

2. 思南九天温泉

思南地热资源丰富，温泉天然出露点多，主要有鹦鹉溪、罗湾坨、兴隆、天桥等处，全县日出水量在 10000 吨以上。思南九天温泉修建于 2015 年，它的水源主要来源于鹦鹉溪。

3. 白鹭湖湿地公园

白鹭湖位于乌江中游，境内有多达 3000 多只白鹭，故得名白鹭湖，拟建为国家级湿地公园，包括黑滩河、六池河等支流和部分流域层，规划总面积 42.648 平方千米，湿地面积为 25.149 平方千米。公园内有国家保护种类以及珍稀植物柔毛油杉、银杏、楠木、红豆杉等野生植物共 331 种，有国家二级保护物种胭脂鱼、岩原鲤、鸳鸯、红腹锦鸡等野生脊椎动物共 218 种。列入《国家保护的有益的或者有重要经济、科学研究价值的陆生野生动物名录》的两栖动物、鸟类、兽类达 86 种。

4. 乌江百里画廊

乌江是贵州的母亲河，发源于贵州乌蒙山，是长江上游南岸最大的支流。唐代以前，乌江称为延江，唐以后称巴涪水、涪陵水，明代开始称乌江。乌江全长 1037 千米，贯穿贵州全境，在重庆涪陵汇入长江。乌江流经思南县境 78 千米，流域面积约 1000 平方千米，流域范围内总人口达 25 万左右，伴随着石林水电站的竣工，已形成了巨大的库区。

5. 千佛洞

千佛洞位于腾龙峡谷内，喀斯特溶洞，洞口高出乌江江面 30 余米，洞深长约 3 千米，洞内钟乳石形态各异，有十八罗汉观大海、五百罗汉下江南等景观。

6. 白鹭洲

白鹭洲位于思唐镇城郊，是地处乌江江心的一个大型沙洲，洲呈椭圆形，由江中的泥沙堆积而成，鹭鸟成群在此栖息，故取名“白鹭洲”。

7. 万圣屯森林公园

万圣屯森林公园位于思唐镇河东，树木以马尾松为主，间以混交杂林，林间常有多种珍稀动物出没。

8. 乌江腾龙峡

腾龙峡位于思南山城东面乌江河岸，距县城约 3 千米，峡谷内的绝壁上有一条 2000 余米长的巨龙，因此取名“腾龙峡”，其龙体成腾飞状，神采飞扬，十分壮观。

七、万山区

万山区的行政区划如图 1-16 所示。

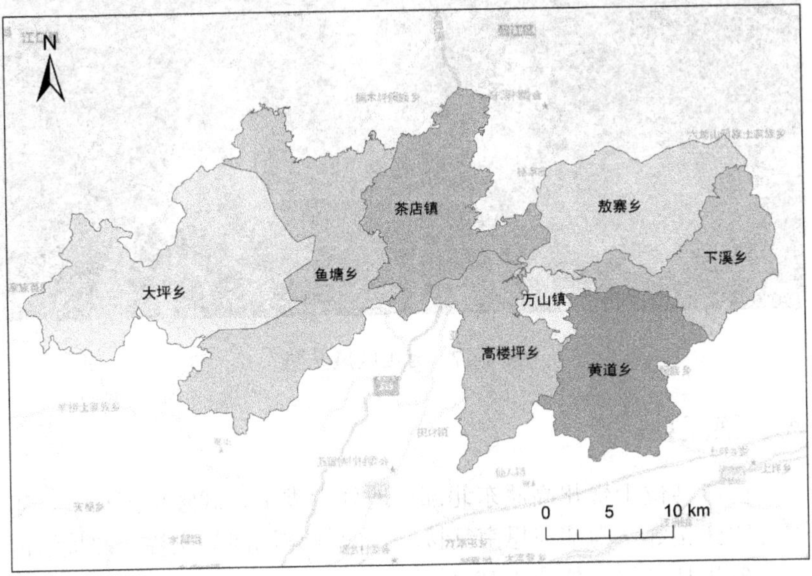

图 1-16　万山区行政图

万山区东临芷江县，南接新晃县、玉屏县，西与岑巩县接壤，北与铜仁市碧江区、江口县毗邻，有“中国汞都”之称。原铜仁市谢桥街道办事处和大坪乡、茶店镇、鱼塘乡行政区域在 2011 年相继划转万山，面积由原来的 338 平方千米增加到 842 平方千米，总人口由原来的 6.7 万人增加到 16 万人。现辖 6 个乡、2 个镇和 1 个街道办事处。万山区是资源枯竭型城市，但是交通较为便利，风光秀丽。万山区风光如图 1-17 所示。

图 1-17　万山区风光图

八、德江县

德江县位于贵州高原东北部，地处大娄山、武陵山汇接处，东部与印江相邻，南部与思南县接壤，西部与凤冈县交界，北接沿河县、务川县之间，如图 1-18 所示。

德江县是傩戏之乡，有着丰富的民族文化。其自然资源也很丰富，不仅有中国天麻之乡的美称，还有泉口的万亩草场，一条公路横穿其中，可以开车领略其壮美风光。德江县城市风光如图 1-19 所示。

德江气候温和，四季分明、阳光充足、雨量充沛，全年气温大都保持在 13～17℃。德江县的地理位置非常优越，其发展得益于交通的便利，东沿 303 省道能出湖广，北顺 326 国道可达巴蜀。另有三条高速公路、五条铁路、一个机场和一个乌江港口正在建设。

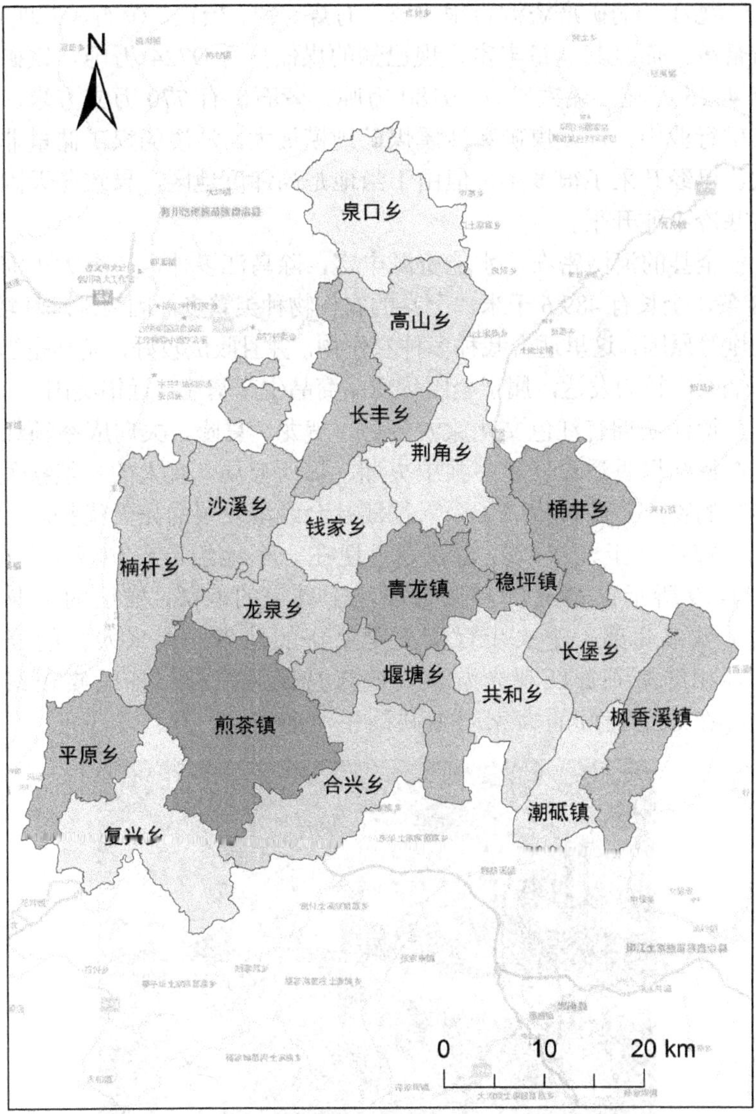
N
泉口乡
高山乡
长丰乡
荆角乡
沙溪乡
钱家乡
桶井乡
楠杆乡
青龙镇
稳坪镇
龙泉乡
长堡乡
堰塘乡
共和乡
煎茶镇
枫香溪镇
平原乡
合兴乡
潮砥镇
复兴乡
0
10
20 km

图 1-18　德江县行政图

德江县的矿产资源也很丰富，有煤、铁、硫铁、萤石、大理石、石膏等，而且其储量丰富，现已知的煤储量有 9724 万吨，铁矿石有 4426 万吨，硫铁矿有 19180 万吨，萤石矿有 770 万立方米。在煤矿行业中，仁发煤矿和沙溪煤矿规模最大。沙溪的煤矿储量非常大，已经开采了很多年，但由于当地是高纬度地区，导致冬天因非常寒冷不便开采。

全县的河网密布，水能资源丰富，除乌江以外，还有大小河流 78 条，全长有 489.6 千米。全县的农作物种类繁多，因为地理环境、土壤等原因，这里适合栽种多种农作物，并且收成较好，尤其是当地烤烟生产较为发达，属于全国优质品商品生产基地，远销美国。

德江还拥有红色文化旅游资源，贺龙、夏曦、关向应率领红三军在德江枫香溪设立了中共中央湘、鄂西分局。宜人的自然条件，丰富的物产资源，构成了今天德江社会经济发展的先天优势。

德江县于几年前开始规划，现在一个地级市已初现端倪(如图 1-19 所示)，林立的高楼大厦位于城市的南部，发达的工业区位于城市北部，中央步行街更是繁华的地带，人来人往的外地游客相继来到德江观光游览。德江县民风淳朴，各民族相聚一堂，在这个美好的大家园里共同生活着。

图 1-19　德江县城市风光图

九、沿河土家族自治县

沿河土家族自治县位于贵州省东北角，铜仁市北部，地处黔、湘、渝、鄂四省(市)边区结合部的乌江中下游，如图1-20所示。其周边与省内的德江、印江、松桃、务川和重庆市的彭水、酉阳、秀山等县毗邻。该县距铜仁大兴机场180千米，距渝怀铁路重庆酉阳火车站60千米，326国道和411省道贯通县境。乌江流经沿河132千米，目前航运能力达300吨级，彭水电站建成后通航能力可提高到500吨级。县内的东风码头是乌江在贵州境内最大的码头，水上交通快速、便捷，上抵遵义、余庆，下出涪陵直达重庆或江、浙、沪等地区。沿河区位优势明显，是黔、渝、湘、鄂边区物资的集散地，素有“黔东北门户，乌江要津”之称。沿河土家族自治县风光如图1-21所示。

沿河土家族自治县总面积2468.8平方千米，辖22个乡镇，2006年末总人口57.8万人，其中土家族占全县总人口的53%。县城常住人口8万人。

沿河土家族自治县历史悠久。隋置务川县，唐置务州、思州，北部置洪杜县。元置沿河佑溪长官司，因地处乌江沿岸，故名沿河。1914年改县，1986年改自治县，辖10个镇、12个乡：和平镇、谯家镇、沙子镇、客田镇、夹石镇、官舟镇、土地坳镇、思渠镇、洪渡镇、淇滩镇、新景乡、黑獭乡、中界乡、甘溪乡、泉坝乡、中寨乡、黄土乡、塘坝乡、黑水乡、晓景乡、板场乡、后坪乡。

沿河属中亚热带季风气候地区，自然资源十分丰富，仅生物资源就有1000多种。种植的作物以水稻、红薯、玉米、马铃薯、黄豆、油菜、烤烟、花生为主；畜禽以羊、猪、鸡、牛、鸭为大宗；国家重点保护的珍稀动植物有小灵猫、小黄豹、黑熊、黑叶猴、猕猴和黄杉、银杏、杜仲、香果树等37种。

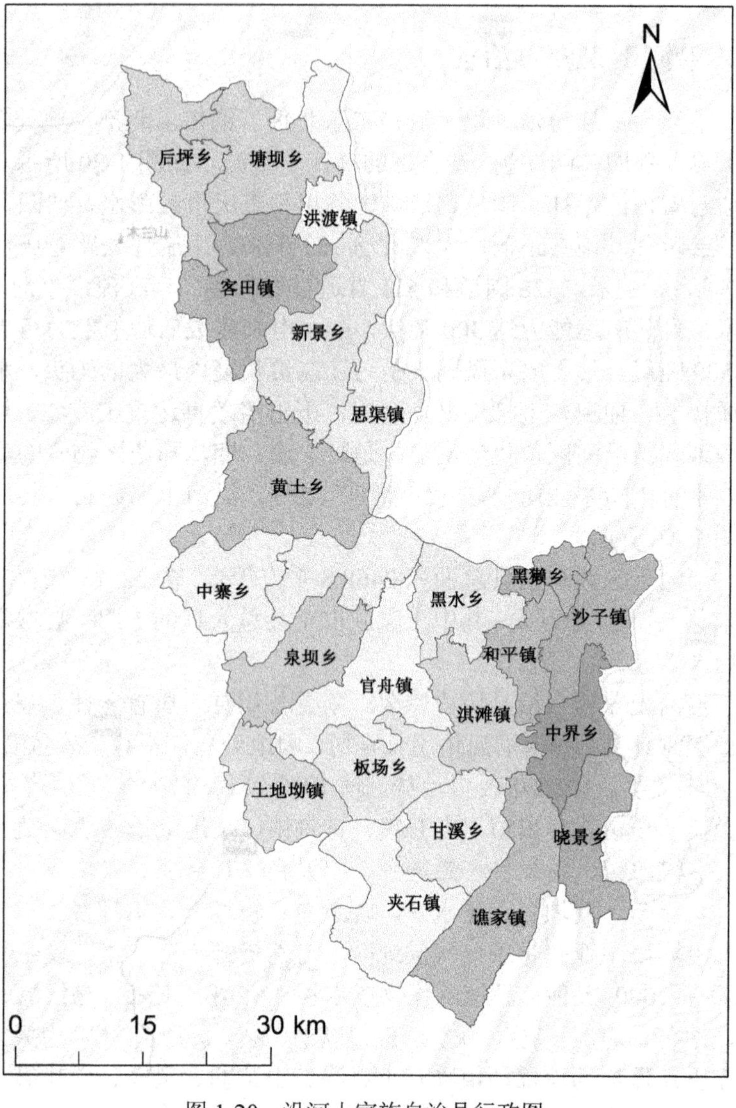

图 1-20　沿河土家族自治县行政图

图 1-21 沿河土家族自治县风光图

沙子空心李子为沿河独产，因果肉与核分离而得名，仅产于沙子镇南庄、永红两村，是区域性特色水果。果色青灰，果肉脆嫩，酸甜适度，营养丰富，芳香可口，每 100 克含总糖 6.5 克，还原糖 4.4 克，总酸 0.82 克，维生素 C5.66 毫克，糖酸比 8:1，维生素 C 高于其他李果和桃、梨，为享誉省内外的果中佳品。

十、玉屏侗族自治县

玉屏侗族自治县地处东经 108°34′～109°09′，北纬 27°28′～27°31′。县域东南依湖南新晃，西带镇远县、岑巩县，北边与碧江区、万山区相邻，东西直径距离 36 千米，南北直径距离 42 千米，总面积 516.6 平方千米，如图 1-22 所示。县人民政府驻平溪镇。原为玉屏县，始建于清雍正五年(1727 年)。1984 年 11

月 7 日，经国务院批准，撤销玉屏县，设立玉屏侗族自治县。玉屏侗族自治县行政区域辖 4 个镇、2 个乡(平溪镇、朱家场镇、大龙镇、田坪镇、亚鱼乡、新店乡)、84 个村民委员会及 9 个居民委员会。玉屏县城市风光如图 1-23 所示。

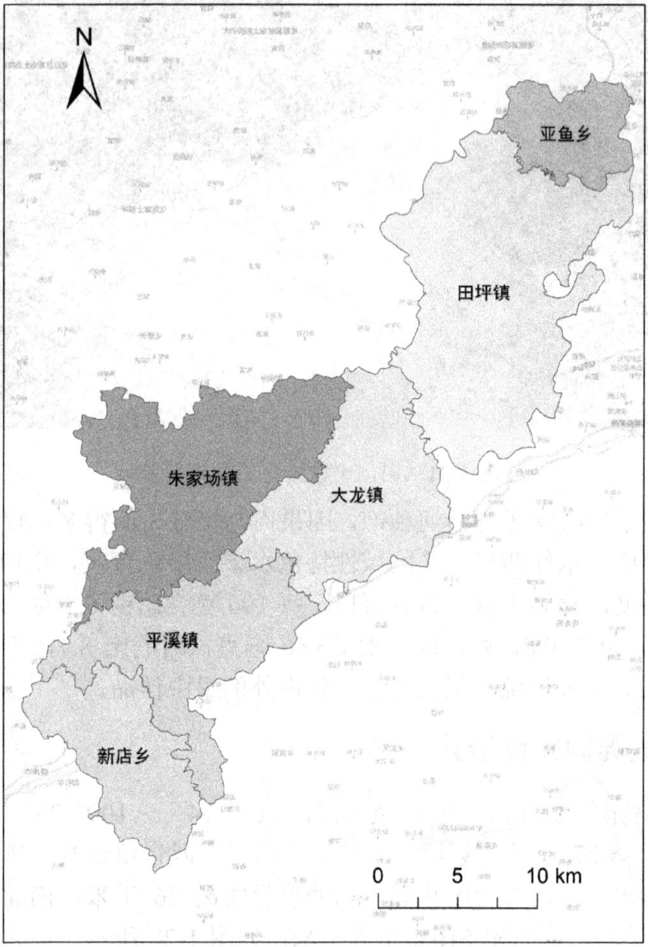

图 1-22　玉屏县行政图

图 1-23　玉屏县城市风光图

玉屏县属亚热带季风性湿润气候，冬无严寒，夏无酷暑，年平均相对湿度 79%，年降水量 1174.1 毫米，年日照时数 1206.7 小时。其自然资源丰富，有板栗、箫笛、牛角拐杖、无核糯柿、柿饼、茶叶等产品；耕地面积 57 平方千米，人均耕地面积 540 平方米；有可供开发的宜林宜牧荒山 133.33 平方千米。

玉屏县具有明显的“大杂居，小聚居”的特点，境内有彝族、白族、傣族、壮族、回族、佤族、傈僳族、拉祜族、纳西族、普米族、瑶族、藏族、景颇族、布朗族、苗族、水族、布依族、哈尼族、锡伯族、基诺族、蒙古族、怒族、德昂族、满族、阿昌族、独龙族等少数民族。

玉屏箫是玉屏县的特产，始制于明万历年间，当时玉屏名“平溪”故称此箫为“平箫”，清雍正年撤平溪卫建玉屏县后，平箫随着建置的演变称为“玉屏箫”。《辞海》载：“玉屏箫，中国著名乐器之一。创于明代末期，采用贵州玉屏出产的竹子制成，因名。产品经过刻花、打磨加工，式样优美，雌雄成对。”

1913 年玉屏箫在英国伦敦国际工艺品展览会上获银奖，1915 年在美国旧金山召开的巴拿马太平洋万国博览会上获金奖，新中国成立后在国内多次获奖，产品远销日本、美国等地。

侗族自古以来临水而居，为了行走便利，侗家人会在寨河上架起一座或数座桥，一般建在寨河的下游，这种桥被称为风雨桥，又称花桥，风雨桥是可以与鼓楼媲美、展现侗族文化灵性的建筑物。是侗族特有的建筑。

第二章

铜仁市地质地貌

第一节 地 形 特 征

铜仁市位于云贵高原东北部向湘西丘陵及重庆市涪陵地区过渡的斜坡地带，在武陵山脉主峰——梵净山和湘西台地主峰——雪峰山之间，地表形态变化较大，地貌类型复杂多样，喀斯特地貌特征明显。地势中部低四周高，最高海拔 1149 米，最低海拔 205 米，平均海拔 600 米左右，山地占 67.8%，丘陵占 28.2%，盆地(坝子)和河谷占 4%。在地质史上由于以梵净山为中心的穹隆构造的强烈抬升，致使以梵净山为主峰的武陵山脉成为全市的分水岭。其最高点是武陵山脉的凤凰山，海拔 2575 米，最低点为铜仁市碧江区漾头镇的锦江出境处，海拔 205 米。武陵山脉以东为沅江水系，地貌为低山丘陵，河流切割线较浅，平缓起伏地面和剥夷面分布较广，风化壳厚度大，河流沿岸多河谷坝子。武陵山脉以西为乌江水系，地貌为岩溶山区，河谷常以峡谷形式嵌入山原，山高谷深，相对高差可达到 600～800 米；在远离河谷的山原面上岩溶丘陵洼地分布较广，地面起伏不大，一般相对高差为 200～300 米。

在全市 18003 平方千米的土地总面积中，海拔在 300 米以下的土地有 211.25 平方千米，占 1.17%，主要分布在乌江和锦江的下游出境处；海拔在 300～500 米的土地有 2025.51 平方千米，占 11.26%，主要分布在梵净山以东和乌江中游沿江地带；海拔在 500～1000 米的土地有 12790.14 平方千米，占 71.04%，主要分布在梵净山以西的广大地区；海拔在 1000～1500 米的土地有 2793.65 平方千米，占 15.51%，主要分布在梵净山、佛顶山区和沿河县的困龙山、雪花界，铜仁市的六龙山、米公山一带；海拔在 1500 米以上的土地有 182.45 平方千米，占 1.02%，主要分布在梵净山主峰地带。

第二节 地 质 构 造

铜仁市在大地构造位置上属于横跨扬子准地台和华南褶皱带的过渡带，分属扬子准地台贵阳复杂变形区的东缘和湘西武陵山早期华南褶皱带西侧，褶皱、断裂构造发育，主构造线方向为北东和北北东。西部地质构造简单，中部和东部地质复杂。铜仁境内地层基本属于海相沉积，自前震旦系、震旦系、寒武系、奥陶系均有发育，以寒武系地层分布最少，奥陶系以后至第三系地层均缺失。局部有第四系地层分布。出露地层按沉积相和生物相的差异划分，东部地区属黔东南分区，西部地区属黔北分区。褶皱以铜仁复式向斜，下溪复背斜，瓦屋复向斜等为代表，多被断层破坏、改造，断裂构造以黄家院断层、文笔峰断层、铜仁大断层、茶店—凤凰主干断裂为代表，构成了境内地质构造的主要框架。在漫长的地质历史上铜仁地区大致经历了梵净—武陵、雪峰、燕山和喜马拉雅四期比较显著的地质构造运动，形成了多个大型不整合界面。地层从中、新、元、古、宇至第四系均有出露。蓟县系、青白口系分布于江口县梵净山地区，为碎屑岩形成的浅变质岩；南华系、震旦系地层分布于江口县、铜仁市、松桃县、石阡县境内部分地段，为碎屑岩夹少量碳酸盐岩类；寒武系、奥陶系和志留系地层广泛分布于区内中部和东南部地区，呈北北东向展布，为碳酸盐岩类夹碎屑岩类；二叠系、三叠系地层主要分布于区内西部的德江县、沿河县、思南县、印江县、石阡县境内部分地段，呈北东向展布，为碳酸盐岩类夹少量碎屑岩类；第四系零星分布于河谷两岸、地势低洼及缓坡地带。基岩分布有沉积岩、浅变质岩、梵净山地区局部地段出露了武陵期花岗岩。在漫长的地质历史时期，铜仁地壳几度沧桑，古地理格局经历了复杂的演变。

14 亿年的铜仁地质历史主要有 5 个发展阶段：

① 前震旦纪微型大陆碰撞合并，在联合陆块南缘发生俯冲活动，由大洋地壳转变为过渡型地壳；

② 震旦纪至志留纪，通过大陆边缘活动带的向洋迁移，形成了前扬子陆块，铜仁地壳从过渡型地壳转变为大陆地壳；

③ 泥盆纪至晚三叠纪中期大陆扩张，形成前华南早古生代造山带；

④ 晚三叠纪至始新世成为滨太平洋大陆边缘活动带；

⑤ 渐新世以来铜仁地壳经历了 3 次抬升和 2 次夷平。

全市境内分布的岩石类型主要有两大类：一类是碳酸盐类岩石，包括石灰岩、白云岩、白云质灰岩、泥灰岩。在铜仁市广泛分布的中上寒武统白云岩及白云质灰岩，属弱可溶性碳酸盐岩，岩溶化程度较低，以岩溶状低山形态和岩溶洼地居多。漏斗、暗河较少发育。东部地区白云岩、白云灰岩岩层倾角平缓，在长期风化淋溶作用下形成红色风化壳，一般厚度为 4～6 米。西部地区在大片白云岩、白云质灰岩分布之处，岩溶较少发育。地面起伏平缓，如沿河县甘溪镇乌江两岸 600～800 米地带为缓起伏山原；石阡县南部的青阳、五德、石固、平山及聚风一带，为 1000～1100 米的缓起伏山原。石灰岩岩层主要有二叠系灰岩、一叠系灰岩和一些奥陶系灰岩。前二者是西部条形向斜构造的主要组成部分。奥陶系灰岩主要分布于本市境内。石灰岩出露地区岩溶发育，岩溶丘陵、洼地、漏斗、暗河非常普遍。地表溶沟密布，石芽裸露，风化壳较薄，一般仅为 1～2 米。本市分布的另一种岩石类型为砂页岩。由于其抗蚀能力较弱，风化速率大，残积物松散，故由其所组成的地面比碳酸盐类岩石组成的地面更易切割破碎。铜仁市境内分布的岩石类型及所占比例见表 2-1。

表 2-1　各地貌区不同岩石类型构成情况　　单位：万亩、%

区名 / 面积与比例 / 岩石类型	东部低山丘陵区		中部中山斜谷区		西部低山山原区		合计	
	面积	%	面积	%	面积	%	面积	%
石灰岩与页岩互层			47.3	9.23	234.7	17.23	282	10.43
砂页岩	281.2	33.94	110.7	21.6	230.2	16.9	622.6	23.03
碳酸盐岩	432.7	52.23	187.2	36.51	781.7	57.39	1401.5	51.84
石灰岩和底部页岩			1.6	0.31	91.4	6.71	93	3.44
变质岩	74.5	8.99	160.9	31.38			235.4	8.71
第四纪沉积物	40	4.83	4.9	0.97	24	1.76	69	2.52
合计	828.9	100	512.6	100	1362	100	2703.5	100

地貌条件在很大程度上受地质构造控制。由于褶皱轴及断裂线的走向多为北北东或北东向，因此不同时代、不同性质的岩层也大致以北北东或北东向相间排列。因岩性对地貌形态影响较大，致使本地区的地貌分布格局也有北北东向排列的趋势。

第三节　地 貌 分 区

根据切割程度、地貌形态、海拔高度及岩性之间的空间组合形态的不同，将铜仁市地貌划分为 3 个区 10 个亚区。

一、东部沅江水系低山丘陵区

该区位于松桃苗族自治县的孟溪、落满、也江和江口的罗江、太平、官和一线以东，土地面积 828.9 万亩，占全市总面积的 30.7%。地质构造属于江南台隆的铜施台凹，以下古生代底层为主，出露底层的主要是上寒武系白云岩、下寒武系砂页岩、白云质灰岩、石灰岩。其次也有震旦系的砂岩及冰渍层和前震旦系板溪群的轻度质岩等。褶皱比较宽缓，岩层的产状和倾角都比较小，断裂构造发育，构造带以北东向为主。600～800 米的剥夷面保存较好，地势平缓，除了少数山峰海拔大于 1000 米外，一般海拔多为 300～800 米。切割较浅，相对高差多在 50～100 米之间。河流属沅江水系，松桃河、锦江都发源于发金山。舞阳河在铜仁东南角过境，多河谷，是非常重要的粮油及经济林产区。根据该区内不同性质的岩性、地质构造以及较细的地貌形态差异，将本区划分为四个亚区。

(1) 长兴、茶店、新店白云灰岩白云岩浅切割低山丘陵以及缓起伏地面区：境内则多为 500～900 米的河谷、丘陵和剥夷面，地质构造宽而缓。红色的风化壳分布广，厚度可达 7～8 米。土地集中成片，水、土资源丰富，作为本地粮食和经济作物的主要产区，以生产柑橘、茶叶和油茶为主。

(2) 万山、漾头砂页岩变质岩中割低中山区：该区海拔多在 600～900 米，地表切割比较破碎，坡度多在 25° 以上，锦江沿岸山坡坡度达 40° 以上。

(3) 闵孝、孟溪白云灰岩白云岩中切割低山河谷区：该区属梵净山东麓地带，是东部几条较大河流及其支流的源头地。地势较为平缓，河谷开阔，第四纪沉积地层分布广。河流分布较多，水热条件好，是主要的农作物生产区。闵孝以南多处遗留下 800 米的剥夷面，其上有溶蚀洼地分布。

(4) 牛郎、盘砂页岩浅切割低山区：该区海拔较低，多为 900 米以下低山，水热条件较好，是重要的粮食产区。经济作物以油桐、花生为主。砂页岩抗风化能力弱，风化程度较为严重。

二、中部梵净山、南中山区、佛顶山中山

本区位于一区以西，松桃苗族自治县的永安、甘龙；印江土家族自治县的缠溪、新场；石阡县的书田、花桥、高王坪、白沙一线以东。土地面积为 512.6 万亩，占全市总面积的 19%。地质构造属江南台隆的梵净山台凸，基底的变质岩成片出露。其主体部分，由梵净山群底层和前震旦系板溪群组成，出露的岩石主要为变余砂岩、千枚岩、浅变质岩。火成岩多为辉绿岩、花岗岩、超基性岩和细碧岩出露。梵净台凸为穹窿状复背斜构造，断裂以东向为主。山势陡峻，大多为 1200～1900 米高的山峰。层状地形较明显，800 米、1250 米、1800 米的剥夷面保存比较完整。其相对高差大于 600 米，有的甚至达到 1000 米以上。该区为乌江和沅江水系的分水高地。梵净山是两水系的源头，水资源极为丰富，呈放射状流出，且原生植被保存较完好。除梵净山自然保护区外，本地区还有材林区和经济林区。在地势较平缓处，适合种植粮食和经济作物。本区被分为两个二级亚区。

(1) 佛顶山、梵净山变质岩深切割高中山及中山区：区内断续状变质岩山地呈北东-西南走向分布。以梵净山为主峰，在梵净山穹窿状块的中部，分布有大量火山岩及火成岩侵入体。

(2) 洋溪、甘龙白云岩石灰岩深中切割低中山山地以及缓起伏山原区：该区为五行山的西侧山前地带，分布有白云灰岩、白云岩以及石灰岩，在石阡县的公鹅屯、花桥、枫香以及中坝与印江土家族自治县的洋溪一带，有少量的砂页岩分布。在乌罗北部和石固南部一带有 1000～1100 米的剥夷面，其上散布着许多溶蚀洼地。

三、西部乌江流域低山山原峡谷区

该区位于二区以西，是黔北岩溶山原东延部分。土地面积为1362万亩，占全市面积的50.4%。其地质构造属上扬子台褶带之黔北凹陷。是古生代地层发育，主要有白云质灰岩和中、上寒武系白云岩，奥陶系页岩与灰岩，二叠系石灰岩、志留系砂页岩夹灰岩，煤层、硅质岩和石灰岩，三叠系的灰岩及页岩。褶皱紧密呈梳状排列，背斜宽而缓，向斜狭而窄。呈断裂构造发育，以北东向为主，具有沿褶皱轴发育、延伸远、断距大等特点。断裂地带附近有温泉出露，地热能明显，海拔大多在600～1000米。区内河流属于乌江水系，河谷以峡谷形式嵌入山原，地面相对破碎，起伏较大，相对高差达600米左右。岩溶发育比较强烈，山原内部溶丘地带起伏平缓。地下水丰富，水热条件好，是粮食作物、经济作物和经济林的主产区。该区被分为四个二级亚区。

(1) 土地坳煎茶溪是石灰岩低中山缓起伏山原的峡谷区：因马蹄河的切割，把该地分为南北两块。南块是白云灰岩、白云岩缓起伏山区，海拔900～1000米。北块东部是官舟土地坳，北块西部属于向斜构造的平缓地面，海拔约1000米。该区粮食作物以玉米、水稻为主，生漆是当地主要经济林产品。

(2) 塘坝沙溪砂页岩石灰岩低中山缓起伏山原以及中山地区：该区南部兼有碳酸盐岩及砂页岩，北部以碳酸岩为主。大多是1100～1200米起伏山原面，有岩溶洼地分布。该区内以旱地作物为主，在海拔相对较低的洼地偶有水稻种植，但常受干旱天气的影响。

(3) 谯家本庄砂页岩石灰岩平行排列低山槽谷区：本区包括郎溪-曾家坳-和平-文新-北坪、谯家-枫香、沙子-中界-花园、本庄-河坝等四个长条形向斜构造槽谷。向斜轴部大致在槽谷的底部。因其受乌江切割影响小，形态保存较为完好。

(4) 乌江支流沿岸白云岩石灰岩低山丘陵、峡谷区及河谷：该区包括乌江及其支流沿岸白云岩石灰岩地山丘陵及峡谷地区，褶皱构造明显。河流在流经砂页岩处呈现宽谷形，在流穿石灰岩处则形成峡谷。在河谷宽阔地段，河流阶地发育明显，水热条件好，是西部山原的主要农产区。该区800米左右剥夷面分布较广，如张家寨、许家坝及沿河自治县的城关以西一带。沿河自治县淇滩以东的乌江沿岸等地为500米左右的剥夷面。沿河自治县的板场、上坝和思南县的孙家坝、板桥一带则是500米以下的丘陵和岩溶洼地，丘陵间的岩溶洼地为农田集中之处。

第三章 铜仁市气候与气象

第一节　气象概况

铜仁市地处贵州高原自东向西的三级台阶的第一级阶梯上，和贵州高原东北边缘向湘西丘陵及四川盆地过渡的斜坡地带。全市海拔高度差异较大，一般由西北向东南降低，其中最高海拔为凤凰山2572米，最低海拔为漾头的下施滩205米。武陵山脉纵贯全市，其在贵州境内的主峰——梵净山将铜仁市分为东西两部分。铜仁市属中亚热带季风湿润气候区，气候特点主要表现为季风气候明显，气候的垂直差异显著。年日照时数1044.7～1266.2小时，年平均气温13.5～17.6℃，日均温>10℃的初日在3月下旬初，终日为11月下旬初，间隔250天，积温5300℃。年平均降水量1110～1410毫米，无霜期275～317天，热量丰富、光照适宜、降水丰沛。大部分地区温和湿润，山间、河谷气候垂直变化明显，有“一山有四季，十里不同天”的气候特征。全市冬无严寒，夏无酷暑，雨热同季，润物宜人。

铜仁市气象局始建于1944年1月1日，由于探测环境和其他诸多原因，于1954年12月23日迁移到城西门外人民体育场北侧(现址)，站址位于北纬27°43′，东经109°11′，海拔高度282.7米，全市下辖2区8县。境内有国家基本气象站3个(铜仁市局、思南、松桃)，国家一般气象站 7 个(万山区、玉屏、江口、印江、德江、沿河、石阡)。2002 年至 2005 年，铜仁市建设了七要素自动站，结束了几十年人工观测的历史，减轻了广大观测人员的劳动强度，同时也提高了观测数据的准确性、代表性、比较性。目前全市已建成七要素自动站 10 个、六要素自动站 20 个、五要素自动站 2 个、土壤自动站 10 个、酸雨观测 1 个、辐射观测 1 个、闪电定位 1 个，全市各乡镇已建成区域自动站(两要素)348 个，为铜仁市政府防灾减灾工作提供了科学依据。

第二节　气候特点

铜仁市处于中亚热带季风湿润气候区，冬季盛行偏北气流，气候寒冷干燥少雨；夏季盛行偏南气流，气候炎热潮湿多雨；春秋两季为过渡季节，偏北气流与偏南气流常在境内交锋，易形成多阴雨或雷雨天气。

因地处山区，地形地貌复杂，海拔高度的差异大，使全市具有立体气候的特点，主要表现为气温具有明显的垂直分布。同一地域所处部位不同表现的天气差异明显，常有“坝上晴、半山阴、爬上坡顶雨纷纷”的现象。山地气候的复杂还受局部地形和山体坡向等因素的影响，比如武陵山脉对东北路径的冷空气有屏障作用，使西部各县受冷空气影响程度轻于东部各县。总体来说，地形差异对各地的气候影响都非常大。

第三节　影响铜仁市的主要天气系统

一、冷锋低槽

地面冷锋(即从北方南下的冷气团前锋)和高空 500 百帕等压面的低槽在南下东移时经过铜仁市时常会产生强对流天气，如：雷雨、大风、冰雹等，在冬季会产生寒潮雪凝等天气。

二、西太平洋副热带高压

西太平洋副热带高压是一个在太平洋上空的半永久性高压环流系统，在中国简称西太平洋副高。西太平洋副热带高压是夏季对铜仁市影响最大的天气系统，初夏，西太平洋副高逐渐西伸北抬，当贵州处于西太平洋副高边缘时，与空中低槽或切变线配合，常会出现阵雨或雷雨天气，并造成一定范围的暴雨洪涝灾害；盛夏，西太平洋副高继续西伸北抬，贵州位于副高内部时，多晴朗天气，易出现干旱灾害，所以铜仁在夏天常有“前涝后旱”的特点。

三、冷锋切变

冷锋切变是指风向风速发生急剧改变的狭长区域，主要出现在700 百帕的或 850 百帕的高空。当位于四川盆地东北—西南风切变线南压影响，与地面冷锋配合对铜仁市会产生极端天气的影响。

四、西南低涡

西南低涡是贵州春夏季主要影响系统，主要是位于川黔之间(多在重庆附近)的热低压，当其维持一段时间(一般为 3～5 天)后向南移动，铜仁市会产生剧烈天气。

五、台风

南海台风是影响贵州夏季降水的天气系统之一，它具有东风带波动的特点。台风降水对铜仁影响不大，但是，当台风外围或台风倒槽与北方南下的弱冷空气结合，也会出现大暴雨或大风天气，导致局部地区洪涝。因铜仁地处内陆，有山脉阻挡，能影响到铜仁的多为强台风。

第四节 气象要素

铜仁市各地主要气象要素年平均值如表 3-1 所示。

由于每年季风活动具有时间和空间的差异性，气象要素的年际变化较大，以表 3-1 为例，本表数据统计均以 2004 年—2013 年观测数据为准。

表 3-1 铜仁市各地主要气象要素年平均值(2004—2013 年)

地名	平均气温/℃	平均降水量/mm	年最多风向	平均风速/(m/s)
碧江区	17.7	1179.7	S	0.9
万山区	14.1	1353.9	NE	2.3
思南县	17.7	1000.5	ESE	1.1
石阡县	17.3	980.0	SW	1.3
德江县	16.8	1134.9	N	1.0
松桃县	16.4	1220.4	N	1.6
印江县	16.9	1036.2	NW	1.0
沿河县	18.0	1093.8	SSE	1.0
江口县	14.1	1353.9	NE	2.3
玉屏县	17.0	1173.0	SW	0.9

一、气温

铜仁各地年平均气温为 14.1～18.0℃，最热月(7 月)平均气温为 24.1～28.1℃，最冷月(1 月)平均气温为 1.8～6.3℃。有观测记录以来，极端最高温度为 42.5℃，出现在铜仁碧江区 1953 年 8 月 18 日。1977 年 1 月 30 日出现极端低温，松桃县为−12℃，玉屏县亚鱼乡气象站为−14.7℃。

二、降水量

铜仁各地的年平均降水量为 980.0～1353.9 毫米，年降水量在地理分布上表现不均，一般东部多于西部。梵净山东南侧的凯马、落满一带为全市最多雨中心，年降水量为 1600～1700 毫米；松桃、江口、万山区一带为次多雨区，年降水量为 1300～1400 毫米；印江、石阡一带为最少雨区，年降水量为 980.0～1036.2 毫米。

按时段划分：4～6 月为雨水集中时期，其降水总量为 500～600 毫米，占年总雨量 26%～31%，12～2 月为少雨期，降水量仅 80～110 毫米，占年总雨量的 6%～10%。

铜仁市降水以液态降雨为主，固态(如：冰雹、雪等)很少。

三、风

全市各地风向具有明显的季节变化特点：冬季盛行偏北风，夏季盛行偏南风，春、秋两季是交替过渡季节，风向较不稳定，但仍以偏北风为主。

四、风速

铜仁地处山区，地形崎岖，平均风速一般小于平原地区，但春、夏季发生雷雨天气时或气流受地形局部狭管作用时，也可能会造成短时大风。铜仁境内各地平均风速为 0.9～2.3 米/秒，风速随季节变化而有所不同，一般在冬春季节风速较大，一日之间风速最小值主要是夜间至早晨，一般多为静风。

大风(大于 17 米/秒)主要出现在春夏季节，春季受冷锋低槽(或低涡)影响时，常出现短时偏北大风，有时伴有雷雨、冰雹天气发生，破坏力极大。如：1977 年 4 月 16 日 19 时，铜仁碧江区雷暴雨来临时，出现短时最大风力达 11 级(29.7 米/秒)，吹倒百年大树，压死 2

人。铜仁市各地大风日数每年平均 2～4 日，春季最多，冬季次之，夏、秋较少。

五、气压

冬季受北方(极地或西伯利亚)南下的冷高(气)压控制，天气寒冷；夏季常受西太平洋西伸北抬的副热带高(气)压控制，天气晴热少雨；当受西南低涡(低气压)影响时，本地气压偏低，有时会出现极端天气。

六、云

云分为高、中、低三层，高云有卷云、卷积云；中云有高积云、高层云；低云有雨层云、碎雨云，它们常伴随阴雨天气。对流云系有淡积云、浓积云和积雨云。浓积云发展成积雨云，反映在卫星云图上为白色亮点，当其扩大成片时，就会产生雷雨，铜仁市境内的强降水，80%在卫星云图都呈此状。

铜仁市各地平均云量一般在 6.0～6.4 成，日平均总云量大于 6.0 成。阴天的年总日数，以江口县最多，约为 244 天；铜仁市区最少，约为 217 天，其余各县介于 227～242 天之间。

第五节　铜仁市气候形成的主要因素

一、大气环流对气候的影响

由于太阳辐射、地球自转、地球表面的海陆分布不均、大气内部南北热量动量的交换等因素，产生了地球表面自西向东活动的大气环流。大气环流完成了地球和大气系统能量、水分的输送和平衡，实现了各种能量间的相互转换。周而复始的大气活动决定了全球各地的气候特征：季节变化、冷暖交替、雨量分布、气温日差异等。

二、地形因素

从大的地形分析，铜仁市处于青藏高原东面的斜坡上，从高原南侧东移的气流所产生的波动(小槽小脊)以及从孟加拉湾吹拂的西南气流提供的大量水汽都对铜仁市的天气气候影响颇大。

从小的地形来看，铜仁市境内的梵净山(武陵山脉主峰)呈东北西南向，把铜仁市分成东西两部。由于山体气流的影响，迎风坡和背风坡的气候有所差异，尤其对降水影响较大。

第六节　铜仁市灾害性天气及其预防

一、主要灾害性天气

(一) 干旱

每年 6～8 月，铜仁市各地常出现一种持续时间较长的连晴高温少雨天气，这就是通常所说的夏旱。也是对农业生产威胁最大的灾害性天气。铜仁几乎每年都有发生，据数据统计：有夏旱的年份占总年份的 88%。按气象部门的标准，旱期持续 15～20 天为小旱；21～30 天为中旱；31～59 天为大旱；60 天以上为特大旱。在贵州省把发生在 6 月的初夏干旱称为“洗手干”，发生在 7～8 月的盛夏干旱称为“伏旱”。铜仁市属于重夏旱区，平均夏旱日数多于 60 天。

夏旱通常会影响到农作物的生长，严重的干旱会导致农作物减产或大面积绝收，还会影响到人们的正常的生产生活。

(二) 冰雹

冰雹是我市常见的局部灾害性天气之一，主要出现在 2～8 月，尤其以 3～4 月出现几率最大。降雹时间短，一般在 2 至 10 分钟，也有持续时间较长的。如铜仁碧江区 1976 年 3 月 19 日傍晚的降雹时间达到 80 分钟，这是铜仁市有记录以来降雹持续时间最长的一次。从历史记载和多年气象观测看，铜仁市冰雹的直径多在 5～30 毫米之间，有时也有大如鸡蛋的情况，个别特大的直径甚至达到 70 毫米以上。

冰雹主要会对秋收作物如：粮食、油菜、油桐、烤烟等造成大量减产，严重的会造成人畜伤亡事故。

(三) 凝冻

凝冻是雨凇、雾凇和湿雪等大气冻结现象的总称。铜仁市凝冻天气一般出现在 12 月底至次年 2 月中旬，个别年份最早出现在 11 月下旬，最迟出现在 3 月中旬；持续时间一般不超过 5 至 6 天，个别年份整个冬季凝冻曾达到 44 天之久。

铜仁市万山区凝冻天气出现得最多，平均每年有 26.5 天左右，以梵净山为界，东部凝冻天气比西部重；高山或通风口等地的凝冻也十分严重，如梵净山地势较高，凝冻最严重，最大厚度达 50～60 毫米；其次，铜仁的茶店到老山口，尤鱼铺到玉屏县亚鱼，松桃县正大营至尖岩山，江口县德旺的迎风坡，石阡县茶园坳至铜股坳，印江县苗王坡的山峡口等地都是凝冻比较严重的地方。

严重的凝冻天气可破坏通讯设施、电力输送、管道设备，中断交通运输，毁坏树木，冻坏农作物，给人民生产生活带来极大不便和重大经济损失。

(四) 洪涝

洪涝是由于暴雨产生的。根据气象标准，24 小时内降水量达到 50 毫米为暴雨、达到 100 毫米为大暴雨、达到 200 毫米为特大暴雨。全市洪涝灾害出现的时间主要在每年 4 月上旬到 10 月下旬，西部影响重于东部，其中，洪涝出现最多月份西部在 6 月，东部在 5 月。

据统计，洪涝灾害出现的次数是：50 年代出现 31 次，60 年代出现 38 次，70 年代出现 44 次，80 年代出现 70 次，由此可见，我市洪涝灾害出现的次数是逐渐增多的。

铜仁市境内多山，江河、溪流纵横，各地易因暴雨引起洪涝灾害及水位暴涨，并造成的泥石流、山崩、山体滑坡等次生地质灾害，对人民生命财产易造成重大损失。

(五) 倒春寒

倒春寒是春季天气回暖后，受南下强冷空气影响而出现的持续低温阴雨天气(又名“返春”)。气象上确定倒春寒的标准为：每年 3 月下旬到 4 月下旬，日平均气温低于 10℃连续三天或三天以上，并伴有阴雨，气象上将这种天气定义为倒春寒。倒春寒年平均出现 1.3 次，以万山区的 2.6 次为最多，其分布特点是东部较重，西部较轻，海拔较高地区较重，海拔较低地区较轻。

倒春寒天气的危害最主要的是影响农业生产，如水稻育秧等农事活动，会造成烂秧，影响产量。

(六) 秋风

凡在 9 月上旬至 10 月下旬的 40 天中，日平均气温低于 20℃持续 3 天以上则为秋风天气。铜仁市每年平均出现 1.8 次秋风天气，以万山区 3 次为最多，西部轻、东部重。

秋风的主要危害是对农业生产水稻中稻和晚稻的抽穗影响较大，严重的情况下会造成普遍减产。

二、灾害预防

十多年来，铜仁市灾害性天气和极端气候频繁出现，为了应对自然灾害，贵州省气象部门率先在全国气象系统提出了“防灾减灾，气象先行”的口号，加大了对自然灾害的预防力度。现阶段，针对影响较大的灾害性天气主要采取以下相应的预防手段：

(一) 干旱、冰雹

铜仁市各地干旱、冰雹每年均会出现，近年来出现的频率趋高，这严重制约了我市农业生产的发展。为了解决这一难题，中国气象局和铜仁市人民政府共同投资的多普勒气象雷达于 2012 年正式投入运行，极大提高了探测能力。此外，全市共有高炮 32 门，火箭车 13 辆。近十多年来，气象部门总结掌握了各地冰雹路径，在冰雹多发地带固定安装高炮，根据气象雷达提供的实时资料及时组织高炮和机动火箭作业，冰雹出现时打冰雹、干旱时实施人工降雨。由于预防措施得力，全市的灾情都降到了最低限度，受到了市政府的一致好评。此外，伏旱的预防主要是在多雨的 5、6 月份，在防洪的同时就要做好山塘、水库的蓄水保水，以便供旱期使用；冬季，要积极兴建水利，做到有备无患。另外，农民也有很多有效的防旱措施，如在稻田中盖上青草以减少水分蒸发等。

(二) 洪涝

最近几年，铜仁市各地由于夏雨频繁，导致河流水位上涨，山体滑坡，城市内涝等灾害。2009 年，贵州省气象部门加大了对全省中、小河流和旅游景点的气象投入，安装了单雨量站和两要素(雨量、温度)自动站，实时监控河流和旅游景区的降水情况。2010 年，国土局、水务局在铜仁市各中、小水库易出现山体滑坡的地带安装两要素自动站。截止到目前为止，全市共安装两要素区域自动站 156 个，单雨量站 192 个，极大提高了地质灾害的防控能力，有效降低了自然灾害的风险。

(三) 凝冻

2008 年铜仁市各地相继出现了持续 30 多天的凝冻天气，以万山区持续时间最长，造成交通瘫痪、断水、断电、电力部门高压线路严重受损，是铜仁市影响最严重的灾害性天气。为了应对这种灾害，气象部门在全市各气象站建立了人工路面观测项目，每日 8 时、14 时、20 时三次实时观测。2012 年在铜大、玉凯、杭瑞三条高速公路收费站及各高速路段安装了自动结冰观测仪器，并及时把相关资料传送给交警、交通局及相关部门。另外，在万山区站为电力部门安装了一套防高压线电线结冰观测设备，同时全市各台站安装了两组 26.8 毫米粗的电线结冰观测设备。

目前，在铜仁市政府的政策指导下，由气象部门牵头，采取部门联动机制，实现资料共享，减少信息传输时间，对灾害性天气及时作出反应，极大减少了气象灾害带来的人员伤亡和经济损失。

第四章 铜仁市森林资源

第一节 森林资源概述

自 2004 年 7 月至 2007 年 12 月，将铜仁市划分为 8 县 1 市 1 特区和梵净山、麻阳河 2 个国家级自然保护区，铜仁市林业局展开了森林资源调查工作。调查成果如下。

铜仁地区的森林植被属亚热带常绿阔叶林带，由于长期受到人类活动的影响，逐渐演替成多种类型，主要有针叶林、阔叶林、针阔混交林、竹林、灌丛等。

境内森林植被种类丰富，现已查明的种子植物约有 138 科 441 属 933 种 4 亚种 64 变种，其中木本植物 100 科 280 属 831 种 4 亚种 47 变种。被列为国家一级重点保护的有珙桐、紫薇；列为二级重点保护的有钟萼木、连香树、鹅掌楸；列为三级重点保护的有穗花杉、金杉槭、厚朴、凹叶厚朴、花榈木、楠木、白辛树、丽江铁杉、华铁杉、长苞铁杉等。珍稀树种大多集中在梵净山自然保护区。

针叶树种主要有：马尾松、杉木、柏木、侧柏、华山松、黑松等。

阔叶树种有：樟木、楠木、檫木、麻栎、青冈、栓皮栎、滇楸、梓木、椿木、枫香等 70 余种。

竹类主要有：楠竹、光箨篌竹、紫竹、方竹、桂竹、水竹、金竹、刚竹、苦竹等 10 余种。

林地分为八个地类，包括有林地、疏林地、灌木林地、未成林造林地、苗圃地、无立木林地、宜林地、辅助生产林地。

一、有林地

有林地指连续面积≥1000 平方米、郁闭度≥0.2、附着有森林植被的林地，包括乔木林和竹林。

二、疏林地

疏林地指由乔木树种组成，连续面积≥1000 平方米、郁闭度 0.10～0.19 的林地。

三、灌木林地

灌木林地指附着有灌木树种或因生境恶劣矮化成灌木型的乔木树种以及胸径小于 2 厘米的小杂竹丛，以培育灌木林为目的或起防护作用，连续面积大于 1000 平方米、覆盖度 30%以上的林地。

灌木林地又分为国家特别规定的灌木林和其他灌木林地。

(1) 国家特别规定的灌木林：指分布在乔木垂直分布上限以上(本区指梵净山国家级自然保护区海拔 2200 米以上的灌木林)，或亚热带岩溶地区、干热(干旱)河谷等生态环境脆弱地带，专为防护用途的灌木林地，以及以获取经济效益为目的进行经营的灌木经济林。

(2) 其他灌木林地：除国家特别规定的灌木林地以外的灌木林地。

四、未成林造林地

① 人工造林未成林地：人工造林(包括植苗、穴播或条播、分

殖造林)和飞播造林(包括撒播)后不到成林年限，造林成效符合规定条件，分布均匀、尚未郁闭但有成林希望的林地。

② 封育未成林地：采取封山育林或人工促进天然更新后，不到成林年限，天然更新等级达到中等以上，有成林希望但未达到成林标准的林地。

五、苗圃地

固定的林木、花卉育苗用地，不论调查时是否附着林木、花卉均划为苗圃地。不包括临时育苗用地、母树林、种子园、采穗圃、种质基地等种子、种条生产用地以及种子加工、储藏等设施用地。

六、无立木林地

无立木林地指现状属于林地，但不符合前五类林地标准的林地。包括采伐迹地、火烧迹地、其他无立木林地。

七、宜林地

宜林地指县级以上人民政府已经规划用于发展林业的土地。包括宜林荒山荒地、宜林岩山地、宜林砂石山地、其他宜林地等。

八、辅助生产林地

辅助生产林地指直接为林业生产服务的工程设施与配套设施用地和其他有林地权属证明的土地。

第二节　森林资源数量

如表 4-1 所示，铜仁地区国土总面积约有 18003 平方千米。其中林业用地面积 10506.4 平方千米，占铜仁地区国土总面积的 58.36%；非林业用地面积 7496.3 平方千米，占 41.64%。森林覆盖率(对外公布)达 44.47%。林木绿化率为 48.65%。活立木总蓄积 34 539 844 立方米，其中乔木林蓄积 33 256 361 立方米，占 96.28%；疏林蓄积 82 207 立方米，占 0.24%；散生木蓄积 62 731 立方米，占 0.18%；四旁树蓄积 1 138 545 立方米，占 3.30%。

表 4-1　主要林地地类占国土面积比例表

区域	国土总面积/平方千米	有林地/(%)	国特灌/(%)	四旁树占地/(%)	森林覆盖率/(%)	林木绿化率/(%)
铜仁全市	18003	40.88	3.17	0.42	44.47	48.65
印江	1819	42.25	3.46	0.18	45．89	48.23
思南	2230	30.74	0.08	2.3	33.13	36.61
德江	2072	28.55	8.53	0.05	37.13	39.1
沿河	2264	30.1	3.06	0.1	33.26	38.75
石阡	2172	47.71	0.12	0.12	47.96	51.89
松桃	2832	45.69	1.68	0.17	47.54	52.22
万山	338	45.07	0.05	13.56	45.26	60.45
玉屏	516	31.43	4.86	0.2	36.49	40.43
江口	1606	46.95	12.63	0.36	55.51	59.95
铜仁市区	1514	48.36	0.94	0.11	49.41	55.78
梵净山	434	95.02	0.41		95.44	96.96
麻阳河	205	42.91	18.43	0.23	61.57	63.61

如表 4-1 所示，从林地占国土面积的比例看，各县(市、特区)及梵净山、麻阳河国家级自然保护区内，除思南和德江两县外，其余各县林地面积占国土面积的比例均在 50%以上，其中以梵净山国家级自然保护区为最高，达 97.12%；其次是江口县为 74.19%；思南县最低，仅为 41.63%。

森林覆盖率(对外公布)＝(有林地面积＋国家特别规定灌木林地面积＋四旁树占地面积)/国土面积＝(7358.9813＋571.2925＋74.9149) / 18002.70 × 100%＝44.47%。

林木绿化率＝(有林地面积＋灌木林地面积＋四旁树占地面积)/国土总面积 × 100%＝(7358.9813＋1324.8794＋74.9149) / 1 800 270 × 100%＝48.65%。

第三节 林业用地面积构成

林业用地面积构成情况如图 4-1 所示。

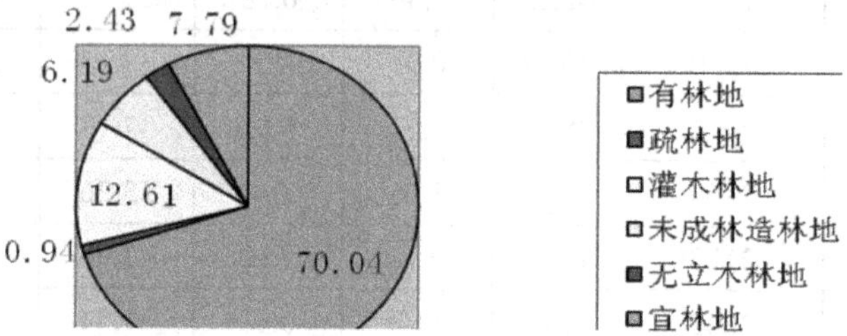

图 4-1 各地类构成图

有林地 7358.9813 平方千米，占 70.04%；

疏林地 98.6549 平方千米，占 0.94%；

灌木林地 1324.8794 平方千米，占 12.61%。其中：国家特别规定的灌木林地 571.2925 平方千米，占灌木林地的 43.12%；其他灌木林地 753.5869 平方千米，占 56.88%。

未成林造林地 649.9710 平方千米，占 6.19%，其中：人工造林未成林地 565.7361 平方千米，占 87.04%；封山育林未成林地 84.2349 平方千米，占 12.96%。

无立木林地 255.7315 平方千米，占 2.43%。其中：火烧迹地 17.2411 平方千米，占 6.74%；采伐迹地 1.1624 平方千米，占 0.45%；其他无立木林地 237.3280 平方千米，占 92.81%。

宜林地 817.2011 平方千米，占 7.79%。其中：宜林荒山荒地 750.7958 平方千米，占 91.87%；石山地 42.9672 平方千米，占 5.26%；白云质砂石山 1.9333 平方千米，占 0.24%；其他宜林地 21.5048 平方千米，占 2.63%。

苗圃地 0.8030 平方千米。

辅助生产林地 0.19 平方千米。

各地类构成见图 4-1：

印江县、思南县、石阡县、松桃县、铜仁市、梵净山自然保护区有林地占林地的比例均超过全区 70.04%的平均水平，其中以梵净山自然保护区最高，达 97.84%；其次是石阡县为 76.65%；玉屏县最低，仅为 53.63%；其余各县均在 60%以上，接近全区平均水平。

全区 817.2011 平方千米宜林地中，宜林荒山荒地 750.7958 平方千米，占 91.87%；石山地 42.9672 平方千米，占 5.26%；砂石山 1.9333 平方千米，占 0.24%，其他宜林地 21.5048 平方千米，占 2.63%。从分布区域看，德江、沿河、松桃、江口及麻阳河自然保护区宜林地占林地的比例均超过全区 7.79%的平均水平，累计面积 543.9285 平方千米，占全区宜林地面积的 66.56%；其余各县(市、特区)及梵净山自然保护区宜林地面积 273.2726 平方千米，占 33.44%。

宜林地主要是宜林荒山荒地，占了全区宜林地面积的 91.87%，各调查单位内，梵净山自然保护区的宜林荒山荒地面积占宜林地面积最小，仅为 32.53%，其次为印江、思南、石阡，分别占 63.44%、71.57%、87.85%，其余各县(市、特区)宜林荒山荒地占宜林地面积比例均在 90%以上。

一、有林地资源

有林地分为乔木林和竹林。全区 7358.9813 平方千米有林地中，乔木林 7249.4689 平方千米，占 98.51%；竹林 109.5124 平方千米，占 1.49%。

(一) 按优势树种组划分

柏木550.8511平方千米，占7.60%；马尾松3147.8876平方千米，占43.42%；华山松14.5075平方千米，占0.20%；杉木1117.2726平方千米，占15.41%；柳杉0.42平方千米，水杉0.009平方千米，樟类7.8303平方千米，占0.11%；楠类0.04平方千米，桦类0.035平方千米，檫木0.043平方千米，栎类176.7993平方千米，占2.44%；杨树325.1609平方千米，占4.49%；枫香54.8982平方千米，占0.76%；泡桐0.335平方千米；针阔混130.8057平方千米，占1.81%；硬阔类440.9504平方千米，占6.08%；软阔类484.7262平方千米，占6.69%；针叶混35.6017平方千米，占0.49%；阔叶混379.2937平方千米，占5.23%；杨树组29.2841平方千米，占0.40%；杂木217.5770平方千米，占3.00%；铁杉0.94平方千米，占0.01%；其他10.1409平方千米，占0.14%；经济果木类124.0556平方千米，占1.71%。

(二) 竹林资源

竹林109.5124平方千米，总株数390.5163万株。其中：毛竹林20.2232平方千米，占18.47%；杂竹林84.4837平方千米，占77.15%；小杂竹4.8055平方千米，占4.38%。

二、灌木林地资源

灌木林地1324.8794平方千米。其中：国家特别规定的灌木林571.2925平方千米，占43.12%；其它灌木林753.5869平方千米，占56.88%。

各调查单位的灌木林中，“国特灌”所占比例较大的有麻阳河自然保护区和德江、江口、玉屏等县，其中以麻阳河自然保护区最高，为90.02%；万山、石阡、思南等县很低，分别仅为0.35%、2.91%、

2.29%。

果品树种 7.8421 平方千米，占 3.74%；柑橘 23.9331 平方千米，占 11.42%；苹果 0.06 平方千米，占 0.03%；梨桃类 43.8850 平方千米，占 20.94%；枣 0.68 平方千米，占 0.32%；柿 0.238 平方千米，占 0.11%；核桃 0.3067 平方千米，占 0.15%；板栗 16.7943 平方千米，占 8.01%；银杏 1.1331 平方千米，占 0.54%；其他 11.4994 平方千米，占 5.49%；食用油料 0.035 平方千米，占 0.02%；油茶 47.5335 平方千米，占 22.68%；茶叶 19.9988 平方千米，占 9.54%；桂花 0.002 平方千米，饮料树种 0.08 平方千米，占 0.04%；花椒 0.26 平方千米，占 0.13%；盐肤木 0.216 平方千米，占 0.10%；金银花 0.041 平方千米，占 0.02%；吴茱萸 2.6872 平方千米，占 1.28%；山苍子 0.0085 平方千米；黄栀子 3.1155 平方千米，占 1.49%；蚕桑 0.492 平方千米，占 0.23%；杜仲 1.6845 平方千米，占 0.80%；黄柏 0.142 平方千米，占 0.07%；漆树 0.0034 平方千米；油桐 21.2063 平方千米，占 10.12%，乌桕 5.4863 平方千米，占 2.62%；棕榈 0.012 平方千米；杂竹 0.1815 平方千米，占 0.09%；其他经济树 0.04 平方千米，占 0.02%。

三、林地面积现状及变化分析

林地面积增减取决于林地与非林地之间土地利用性质的变化，是各县级以上人民政府根据国家的政策变化及本地区社会经济发展的需要对土地利用结构进行的调整。与上期(1995 年)调查相比，全区林地面积由 8115.57 平方千米增至 10506.4096 平方千米，净增 2390.8396 平方千米，年均增加 239.084 平方千米，年均净增率为 2.95%。占全区国土面积的比例由 45.08%提高到 58.36%。

第五章 铜仁市自然资源

第一节 概 述

铜仁市属中亚热带季风性湿润气候区，气候特点主要表现为季风气候明显，气候垂直差异显著。年日照时数 1044.7～1266.2 小时，年平均气温 13.5～17.6℃，日均温>10℃在 3 月下旬到 11 月下旬，间隔为 250 天，积温 5300℃。年平均降水量 1110～1410 毫米，无霜期 275～317 天，热量充足，光照适宜，降水丰沛。大部分地区气候温和湿润，山间、河谷气候垂直变化明显，有“一山有四季，十里不同天”的气候特征。全市冬无严寒，夏无酷暑，雨热同期，气候宜人。在铜仁市境内各种资源分布较为丰富。

铜仁市天然牧草大体可分为六大类，有禾木科牧草类 74 种，豆科牧草类 16 种，杂草类 38 种，水生青科类 3 种，饲树类 4 种，饲用藤灌木类 25 种，共计 160 种。境内有药用植物 500 种以上，已考察准确的高等药作植物有 100 科，227 属，413 种。产量较大的植物药有莫茱萸、杜仲、厚朴、黄柏、五倍子、金银花、瓜蒌、射干、半夏、天麻等。境内大型真菌也很丰富，蕴藏有 33 科、77 属、151 种。其中竹黄、灵芝、茯苓、乌柏等 21 种可作药用。含抗癌物质或有抗癌作用的有采绒草盖菌、菱红菇等 12 种。还有香菇、木耳、松乳菇等 30 种，是城乡居民广为喜爱的美味山珍。栽培植物主要有粮食作物、油料作物，以及其他经济作物和蔬菜，共计 812 个地方品种，其中粮食作物主要有水稻、玉米，以及薯类、麦类、豆类、杂粮等 594 个品种；油料作物主要有油菜、花生等 11 个品种。其他经济作物主要有烟草、青麻、向日葵、茶叶、蚕桑等 53 个品种；蔬菜主要有叶菜类、根菜类、茄果类、甘蓝类、鳞茎类、水生菜类、瓜类、野生菜类等 13 类，154 个品种。境内栽培水果主要有柑橘、橙、柚、桃、李、梨、杏、柿、枣、苹果、葡萄、板栗、枇杷等。境内各山区还盛产猕猴桃、刺梨、红籽、八月瓜等多种营养丰富的野生果品。

第二节 矿 产 资 源

铜仁市地处于武陵山脉西段，由于地质地貌复杂，地势起伏较大，地下与地面物质均呈纷繁多样的特点。铜仁市成矿地质条件良好，矿藏丰富，已发现与不同程度探明储量的矿产有 57 种，其中金属矿有汞、锰、金、银、钨、锡、铁、锌、钒、铅、铂、镁、镍、铌、钽、碲、硒、镉、镓、锗、钴，共 21 种；能源矿产有煤、铀、地下热水，共 3 种；非金属矿产有石灰石、白云石、重晶石、方解石、硅石、萤石、石煤、长石、磷、硫铁、碧玉石、花岗石、大理石、黑滑石、石膏、紫袍玉带石、辉绿岩、脉石英、水晶石、石英砂、贝岩、板岩、毒砂、砂岩、水泥用粗面岩、建设用砂、含钾页岩、陶瓷用高岭土、砖瓦用黏土、砷、水泥用黏土，共 31 种；水气矿产有地下水、矿泉水，共 2 种。

汞矿和锰矿储量极为丰富，是境内驰名中外、最具特色的优势矿产。汞矿主要分布于万山、碧江、松桃等县(区)。锰矿集中分布于松桃、碧江的县(区)，已探明的储量达 3700 万吨，预计远景储量超过 1 亿吨，仅探明量就位居全国第三。

此外，储量较大的还有：煤矿，主要分布于沿河、思南、德江、石阡、印江等县，已探明 C+D+E 级储量达 3 亿吨；铁矿，主要分布于石阡、沿河、德江、印江、江口等县，已探明的储量共达 7249 万吨；磷矿，主要分布于松桃、铜仁、沿河等县(市)，总储量为 400 万吨；地下热水，主要分布在石阡境内，总流量为 58.45～62.4 升/秒；含钾页岩，主要分布于碧江区、万山区，总储量在亿万吨以上；硫铁矿，主要分布在德江、沿河、思南、印江、石阡等地，已探明储量共达 22873 万吨。

第三节　土地资源

全市地貌以中低山原峡谷和低山丘陵为主，其次为中山、高中山和河谷盆地。山地面积占全市土地总面积的 67.8%，丘陵占 28.03%，河谷盆地占 2.07%，其他占 1.02%。

喀斯特区面积 5302.2 平方千米，占土地面积的 29.04%；次喀斯特区面积 5612.3 平方千米，占 31.02%；弱喀斯特区面积 5181.01 平方千米，占 28.08%；非喀斯特区面积 1907.04 平方千米，占 10.06%。

铜仁市内东部、中部和西部的地质结构、地貌条件、水热状况差异大，东南低、西北高、中部隆起，东部褶皱疏展，岩层倾角小，而西部褶皱紧密，岩层倾角大，出露岩层多，加之中部梵净山隆起，从而引起水热条件从东南到西北呈现规律变化，从东南到西北土壤分布规律为：铁铝质黄红壤、黄红泥田土、黄壤、黄棕壤、冷浸田、冷烂田、粗骨黄壤、石灰土、大泥田、黄沙泥田土等。

一、土壤的主要类型

铜仁市地形起伏，地势高差大，水热条件垂直差异明显，受生物气候垂直带谱影响，土壤垂直分布规律明显。以梵净山为例：海拔低于600米地带，气候湿热，原生植被为常绿阔叶林，次生植被为松杉林，土壤为黄红壤；海拔600～1400米地带，气候温暖，后生植被为常绿阔叶林，间有落叶树种，土壤为黄壤；海拔1400～2200米地带，气候温凉，植被为常绿落叶阔叶混交林，土壤为黄棕壤；海拔2200米以上，气候温凉，后生植被为山地灌丛草被，土壤为山地灌丛草甸土。铜仁市东部地貌主要为900米以下的低山丘陵。由于受地貌、母岩、水文及人为等因素的影响，土壤区域分布规律较明显，大体可归纳为以下几种：

(一) 低山山原土壤组合区域

该区域主要包括玉屏侗族自治县田坪、亚鱼和松桃苗族自治县大兴、盘信、正大、长兴、九龙、瓦厂等乡(镇)。该区域地势平缓，土体深厚，质地黏重，养分贫瘠，地貌为低山山原或剥蚀夷平面，一般海拔在300～800米。基岩为中上寒武纪白云灰岩，母质多为红色古风化壳。土壤多为厚层或中层黄红壤、黄壤，土壤呈酸性，土层厚，土壤质地黏重、缺磷。从低山山顶到山脚沟垄，土壤依次排列是中层铁铝质黄壤、厚层铁铝质黄壤、死黄泥土、死黄泥田、黄泥田等。

(二) 丘陵河谷平坝土壤组合区域

该区域主要包括锦江、抚溪江、松桃河等河流中下游的宽阔河谷平坝。由于地壳上升，河流切割而形成较为宽阔的坝子，该区域气候温和，雨量充沛，水源充足，土壤母质多为新冲积体。土壤分布规律从河岸到山脚依次是潮沙土、死沙田、潮沙泥田、潮泥田、黄红泥田或大眼泥田、黄泥田土或黄沙泥土。

(三) 低山沟谷土壤组合区域

该区域主要包括松桃苗族自治县牛郎、铜仁市坝黄、江口县桃映、玉屏侗族自治县新寨等。主要基岩为下寒武纪砂页岩，风化壳疏松，坡陡，土层薄，植被稀疏，土壤侵蚀较重。土壤分布从山顶到山脚依次为粗骨黄壤、粗骨黄红壤、粗扁沙土、扁沙土、扁沙泥田、细扁沙泥田、白鳝泥田等。

（四）低山宽谷河坝区土壤组合区域

该区域主要包括江口县玉平坝、磨湾坝、闵孝坝和铜仁市瓦屋坝等。两山为海拔 500 米以下的低山，两山之间有较宽阔的河谷坝子，面积大都在 66～67 公顷以上。两山土壤为石灰土和粗骨黄壤，山脚为黄泥田土、大泥田土，坝上多为潮泥田、潮沙泥田和死沙田。

二、土壤的分布特点

区内西部地形破碎，地质结构复杂，土壤形成分布深受岩层制约。由于不同时期、不同性质岩层呈带状交错分布，因此土壤分布规律也多呈带状分布。在离乌江较远、受河流切割较浅的地段，还具有高原土壤分布的特点。

（一）原土壤组合区域

该区域西部的山原面保存比较完整。海拔 800～1000 米，地势起伏平缓，相对高差不大，土壤分布主要受母质和人为耕作活动的影响，相间分布着铁铝质黄壤、黄泥田土、硅质黄壤、黄沙泥田等。

（二）江支流河谷坝区土壤组合区域

该区域主要包括龙川河、马儿河、马蹄河和塘坝河等乌江主要支流流域。多为灰岩，土壤分布规律是以河流为中心线，土块沿河流呈带状或串珠状向两侧阶地或丘陵低山依次分布着死沙田、潮沙田、潮泥田、小黄泥田、黄泥田和死黄泥田，旱地分布于稻田边缘。自然土多分布在两山上部和山丘顶部，主要为黄壤和石灰土。

(三) 乌江河谷土壤组合区域

该区域主要包括沿河土家族自治县夹石、淇滩、团结、洪渡等地附近河谷的沟谷坝地。坝区为潮沙泥田和潮沙泥土，两边多为石灰岩和砂页岩风化壳发育的石灰土及粗骨黄壤。以沿河县坝坨至黑獭地段为例，该地段海拔在280～1096米，呈东南、西北走向，乌江川流其间，宽为槽坝、窄为峡谷，从河漫滩阶地至山脚依次分布潮沙土、潮沙泥土、潮沙泥田、潮泥田，山脚坝地主要分布黄泥田、黄沙泥田土、扁沙泥田土，两山上部主要分布硅铝质黄壤等。

(四) 岩溶低山槽坝土壤组合区域

该区域主要分布于沿河、思南、石阡、德江等县岩溶低山区，成土母岩主要为二叠纪和三叠纪灰岩，四面为石灰岩低山，中间多岩溶盆地或岩溶小坝，岩石以化学风化为主，土层薄。两山多为石灰土或石卡拉土，而底部多为大泥土、大泥田、大眼泥田或鸭屎泥田等。以沿河土家族自治县官舟镇土壤分布为例，从坝区中心至两山依次排列为潮泥田、黄泥田、黄沙泥田、黄泥土、黄沙泥土，山脚底部为冷浸泥田、烂泥田、大泥田和大眼泥田，山腰至山顶主要为黄色石灰土、磷熔石灰土、硅质黄土、硅铝质黄壤等。

第四节　野生动植物资源

铜仁市拥有丰富的光、热、水、土资源，加上复杂的地形、地貌条件，为动、植物的生存与发展提供了适宜的环境。

一、自然植被

根据植被分类的一般原则，铜仁市的自然植被大致分为五种类型。

（一）阔叶林带

铜仁市的阔叶林带有以亮叶水青冈为主的落叶林，主要分布在武陵山脉海拔 1400 米以上地段；以珙桐为主的落叶林，分布在梵净山海拔 1100～1400 米地段上；以光皮桦、枫香、响叶杨混交的落叶林，全市大部分地区都有分布，尤其以西部海拔 800 米以上山地为多。以小叶青冈、亮叶水青冈为主的常绿阔叶林，分布于武陵山脉低山地带；以小青树、扇叶槭、黔桐、杜鹃为主的常绿落叶混交林，分布在梵净山低山地带和石灰岩山地；以甜槠、栲树、黔桐为主的常绿林，主要分布在全市低山丘陵地带。

（二）针叶林带

针叶林带在铜仁市境内分布广、面积大、类型多。以冷杉为主的寒温性针叶林，分布在梵净山海拔 2100～2350 米地段；以大明松、长苞铁杉为主的温性针叶林，分布在梵净山海拔 1000～1800 米地段；暖性针叶林中，马尾松在铜仁市境内均有分布，杉木主要分布在江口、松桃、石阡、沿河、印江等县，柏树分布在碳酸盐类岩石山地。

（三）竹林带

楠竹林主要分布在江口、松桃、石阡、沿河等县的低山丘陵地带；淡竹林主要分布在碧江区六龙山区。

（四）灌丛、高山柏灌丛林带

灌丛、高山柏灌丛林带分布在梵净山海拔 2000～2500 米地段；以小果蔷薇、悬钩子、刺梨、马桑为主的灌丛，分布在过度伐木的山区地带。

禾草、蕨类草丛、五节芒、白茅、菅草、扭黄茅禾草丛等在全市境内均有分布；铁芒箕、里白、蕨草丛则主要分布在酸性较强的土壤地带。

二、野生植物资源

铜仁市境内野生植物资源丰富，主要有药用野生植物、食用野生植物、工业用野生植物、饲用野生植物、观赏和珍稀植物等。

（一）药用野生植物

铜仁市境内有药用植物500种以上，其中有高等药用植物100余种、227属、413种。铜仁市境内的药用植物功效多样，具有清热解毒功效的药用植物96种，具有止咳祛痰、平喘药效的药用植物44种，具有止血功效的43种，祛风除湿、舒筋活血药60种，补中益气、散寒解表药33种。除此之外，本地民间常用并畅销邻省的植物，如珠子参、雪里见、爪金龙等分布范围也很广泛。当地特产梵净山冠唇花对多种疾病有良好疗效。

在铜仁市境内的药用野生植物中，生产量较大的中药有200多种，占常用中药总数的40%左右，如杜仲、黄柏、五倍子、金银花、天麻等。大型真菌蕴藏量丰富，在佛顶山采集到标本206种，在梵净山采集鉴定151种，分属2纲15目13科77属，其中竹黄、灵芝、茯苓等21种可作药用。具有抗癌物质或有抗癌作用的有采绒草盖菌等12种。还有香菇、木耳、松乳菇等30种能够药食两用的好材料。

（二）食用野生植物

铜仁市主要有淀粉植物、蛋白质植物、食用油植物、维生素植物、蜜源植物等食用植物。淀粉植物在铜仁境内均有分布，西五县(思南县、印江县、德江县、沿河县、石阡县)居多，有栗类、青冈子类、根或根茎类、蔷薇科植物果实类等。栗类中茅栗、板栗果实淀粉含量为50%～55%；青冈子果实淀粉含量为55%～60%。根或根茎类中以蕨类植物的根茎淀粉含量居高。蔷薇科植物如刺梨、红子等共有 40 余种。蛋白质植物中以真菌类蛋白质最丰富，香菇、木耳、蘑菇、竹笋等营养价值最高。食用油脂植物，以玉屏油茶最为著名。维生素植物主要以刺梨、猕猴桃的维生素含量最为丰富，刺梨主要分布在西五县，以石阡居多，猕猴桃主要在江口、石阡、碧江等区县。蜜源植物种类多，分布广泛。

(三) 工业用野生植物

铜仁市境内，除木材外，纤维植物有 35 种左右，重要的有构皮、龙须草、水麻等，在全市工业用植物中，以油桐分布面积最广、品种最多，倍树、油茶、乌油、漆树也有一定的分布面积。本市野生油桐经过长期的自然和人工选择，表现为多种植物类型。按照日照综合性状划分，可分为米桐、葡萄桐、邹桐、4 年桐、柿饼桐和野桐等。

(四) 饲用野生植物

全市境内的天然牧场可分为六大类，共 160 种。其中，禾本科牧草主要有五节芒、白茅、野谷草、细柄草、小糠草、黄背茅、狗牙根、雀椑、中华淡竹叶、金色狗尾草等 74 种，豆科牧草有野毛扁豆、紫云英、爬地麻、野大豆、鸡眼草、牧地香豌豆等 16 种，杂草类有夏枯草、鬼针草、灰灰草、野菊、艾草、马兰、车前草等 38 种，水生青料有红萍、水葫芦、水芹菜等 3 种，饲用树有刺槐、榆树、桑树、紫穗槐等 4 种，饲用藤灌木有三叶豆、胡枝子、红籽、金樱子、铁扫帚、猕猴桃、杜鹃鸡屎藤等 25 种。

(五) 观赏及珍稀植物

观赏植物中，杜鹃主要分布在梵净山，供游客欣赏；珙桐又名中国鸽子树，是世界著名的观赏树种。木兰科的多种高大乔木花形大、颜色淡雅、气味芳香。珍稀植物中被列为国家一级重点保护植物的有珙桐，二级重点保护植物有钟萼木、连香树、鹅掌楸，三级重点保护植物有穗花杉、厚朴、凹叶厚朴、楠木、白辛树、丽江铁杉、花铁杉等。梵净山冷杉属松科冷杉属的新种，它的发现，丰富了全国和本省植物区系。此外还有已生长400余年的黄杨群落，十分珍贵。

三、野生动物资源

铜仁市区域内有野生动物1000余种，其中兽类69种，鸟类191种及4亚种，两栖爬行类75种，鱼类48种，陆栖寡毛类21种，昆虫类600种。国家一级保护动物有黔金丝猴、白颈长尾雉等6种，二级保护动物有大鲵、黑熊、藏酋猴等29种。特别是国家一级保护动物黔金丝猴，是第三纪遗留下来的中国特产动物，总共750只左右，仅分布于梵净山保护区内，是中国特产的三种金丝猴中数量最少、分布区域最窄、濒危度最高的一种，是贵州梵净山国家级自然保护区的“珍品”，是世界的“瑰宝”。

1. 珍稀濒危保护动物

梵净山自然保护区内国家一、二级重点保护的珍稀濒危动物有黔金丝猴(如图5-1所示)、华南虎、云豹(如图5-1所示)、林麝、白颈长尾雉、大鲵(如图5-1所示)、穿山甲、猕猴、短尾猴(如图5-2所示)、苏门羚、亚洲黑熊、大灵猫、小灵猫、鸳鸯、红腹角雉、红腹锦鸡、勺鸡等20余种。

大鲵

云豹

黔金丝猴

图 5-1　野生动物资源

2. 兽类资源动物

黔金丝猴是我国特有物种，仅分布于梵净山，分布区狭窄，目前在世界上仅在北京动物园有展出，它是梵净山自然保护区中的重点保护对象，也是世界最濒危物种之一。部分兽类物种是香料制作的重要原料，如麝香、灵猫香；部分兽类其毛皮是制革、制药的重要原料，如水獭、苏门羚(如图 5-3 所示)、毛冠鹿(如图 5-4 所示)、野猪、林麝、云豹、豹、豹猫、果子狸、灵猫(如图 5-6 所示)、黄鼬、亚洲黑熊(如图 5-5 所示)、竹鼠、穿山甲等。

图 5-2　短尾猴

图 5-3　苏门羚

图 5-4　毛冠鹿

图 5-5　亚洲黑熊

图 5-6　灵猫

3. 鸟类资源动物

梵净山比较珍贵的鸟类有 20 多种，如苍鹭、池鹭、白鹭、普通秋沙鸭、竹鸡、勺鸡、雉鸡、山斑鸠、多种画眉和绣眼鸟、麻雀、山麻雀等。此外还有大量的食虫鸟类，它们是农林益鸟，对维护该山区的生态平衡起着积极作用。食谷鸟类为山区的主要狩猎鸟类，主要有鸳鸯、红腹角雉、红腹锦鸡、白颈长尾雉等，都属于珍稀鸟类，应积极保护、加强研究和引种驯化，在保证资源不断增大的情况下可有计划地开发利用。梵净山部分珍稀鸟类如图 5-7 所示。

鸳鸯　　灰胸竹鸡　　红腹锦鸡　　红腹角雉

图 5-7　鸟类

4. 爬行类资源动物

梵净山区爬行类动物具有药用、食用和工艺等价值，包括鳖、北草蜥、黑眉锦蛇、王锦蛇、赤链蛇、灰鼠蛇、滑鼠蛇、乌梢蛇、翠青蛇、竹叶青、银环蛇、尖吻腹蛇等。

5．两栖类资源动物

梵净山有 11 种较为珍贵的两栖类动物，其中属于珍稀保护动物的有峨眉髭蟾、大鲵、中华蟾蜍、华西蟾蜍、黑眶蟾蜍、黑斑蛙、沼蛙、棘腹蛙、棘侧蛙、双团棘胸蛙等。

6．鱼类

在梵净山河流中主要有 18 种经济鱼类，如泥鳅、黄鳝、爬鳍鱼、马口鱼、青鱼、圆吻鲴、鳙鱼、鲢鱼、花滑鱼、华泉鱼、刺鲫、云南光唇鱼、泉水鱼、鲤鱼、黄颡鱼等。

7．昆虫类

梵净山区有众多的观赏蝶类、倍蚜、白蜡虫、中华蜜蜂、寄生蜂等昆虫。

第五节　水　资　源

铜仁市境内雨量充沛，地表河流密度极高，地下水补给基流多，全市年均径流总量达 128 亿立方米左右(其中地表径流量为 95.6 亿立方米，地下水总储量为 32.3 亿立方米)，人均水占有量 3671 亿立方米，居全省首位。此外，过境客水非常丰富，每年径流量达 328 亿立方米左右，为社会生产和人们生活提供了有利条件。在水能方面，由于各条河流的河源地势较高，河流比降大，水力资源好，全市拥有水能理论储藏量 93.7 万千瓦，其中可开发能量 39.97 万千瓦，占理论值的 42.6%。如果加上乌江干流梯级水力资源，境内理论水能储量达 203.74 万千瓦，可开发量达 584.3 千瓦，人均可开发值达 430 瓦，均超过全国和全省人均水平。

铜仁市境内水流属长江流域的沅江水系和乌江水系，其中沅江水系流域面积 6879 平方千米，占铜仁市全境流域面积的 38.2%；乌江水系流域面积 11124 平方千米，占铜仁市全境流域面积的 6.8%。境内河流均属山区雨源型，由降水补给形成地表径流。

铜仁有很多流域面积在 20 平方千米以上的河流，在铜仁境内长度在 5～10 千米的河流有 58 条，10～50 千米的河流有 156 条，50～100 千米的河流有 10 条，100～200 千米的河流有 4 条，200 千米以上的河流有 1 条。全地区河流 10 千米以上的总长度为 4389 千米，平均每 100 平方千米国土面积的河网密度为 24.35 千米。其中：沅江水系 74 条，总长 1963 千米，平均每 100 平方千米的河网密度为 27.61 千米；乌江水系 97 条，总长 2426 千米，平均每 100 平方千米的河网密度为 22.22 千米。河网密度以东部玉屏侗族自治县境内最密，平均每 100 平方千米为 3965 千米，亦是贵州省之最；以西部沿河土家族自治县境内最稀，平均每 100 平方千米为 20.48 千米。

铜仁境内河流的发源地，除过境的舞阳河、乌江干流以外，其余均发源于武陵山脉；主要河流均沿地势向东、北东和北三面迂回流入湖南省或重庆市，一般呈放射状。

第六章
铜仁市旅游资源及产业发展

铜仁境内旅游资源非常丰富，而且独具特色，得天独厚的地形让城区座靠青山、三面临水，国家级风景名胜区 3 个，国家级自然保护区 2 个，省级风景名胜区 8 个，文物古迹 21 处。此外，红色旅游景点多达 69 处——铜仁是为革命献出宝贵生命的红军将领周逸群烈士的故乡，作为爱国教育基地，辟有周逸群烈士故居一处、烈士塑像一座，每年往来瞻仰者数不胜数。

梵净山作为铜仁旅游、调研的目的地，具有四大资源。一是独特的自然景观：梵净山是武陵山脉的主峰，其海拔高达 2572 米，山体陡峭，峰峦雄奇巍峨，是同纬度地区唯一保留最原始的森林、也是黄河以南最古老的台地之　，保存着至少 14 亿年的自然奇迹，其主峰有著名的“蘑菇石”以及“万卷书”，使游人流连忘返，山崖上佛光、云海与日出是摄影者最好的取材之处；梵净山是该地区河流的发源地，众多涓涓溪流向东汇集成清澈透明的太平河，两岸景色古朴秀丽，犹如一幅山水画，令人神往。二是丰富的生态资源：梵净山气候复杂多变，拥有四个气候带，典型的亚热带季风山地湿润气候，降水主要集中在夏秋季节(5～10 月份)，森林占地5000平方千米，5000多种动植物在这儿繁衍休憩，唯一分布在当地的黔金丝猴、珙桐等40多种被列为国家重要保护对象，被誉为“动植物基因库”、“地球绿洲”和“人类的宝贵遗产”，是陆地生物多样性分布的地区之一，被列为国家级自然保护区、联合国“人与生物圈”保护成员。三是悠久的佛教文化：早在宋代，佛教就正式传入铜仁梵净山，在明朝万历年间，梵净山作为“弥勒道场”、佛教名山，就已经声名远播，与峨眉山的“普贤道场”、五台山的“文殊道场”、普陀山的“观音道场”、九华山的“地藏道场”齐名天下，梵净山流传着许多历史典故如太子石、说法台、万卷书等都与佛文化息息相关，此外，还有“拜谒梵净山，回报吉祥平安”的说法，如今已成为游客一种美好心愿的寄托。四是多彩的民族文化：梵净山周围聚集苗、侗、土家、仡佬等少数民族。由于交通、地形条件的欠缺，当地居民的生活环境长期封闭，造就了民间文化的多样性和独特的民族风情。土家的傩戏文化曾走出国门，远赴日本和美国演出，被誉为戏剧的“活化石”，还有侗族的“赶坳”节、苗族的“四月八”、肉莲花、土家的摆手舞和仡佬族“敬雀”节等丰富多彩民族风情，无一不将少数民族文化展现得淋漓尽致。

梵净山拥有国家级自然保护区、联合国“人与生物圈”保护网、中国第五大佛教名山、天冠弥勒道场、中国傩文化发源地五大桂冠，素有“梵天净土”、“众名岳之宗”的美誉，是众多游人观光、旅游、休闲、养生、度假和科考探险的神往之地。国家级自然保护乌江百里画廊区及麻阳河、省级风景名胜区玉屏舞阳河、国家级风景名胜区铜仁的九龙洞，石阡温泉群等大批融自然与人文景观的风景名胜区，以梵净山为核心，连接湖南凤凰古城、张家界，成为一体的旅游网络体系。铜仁市精品旅游线路如图6-1所示。

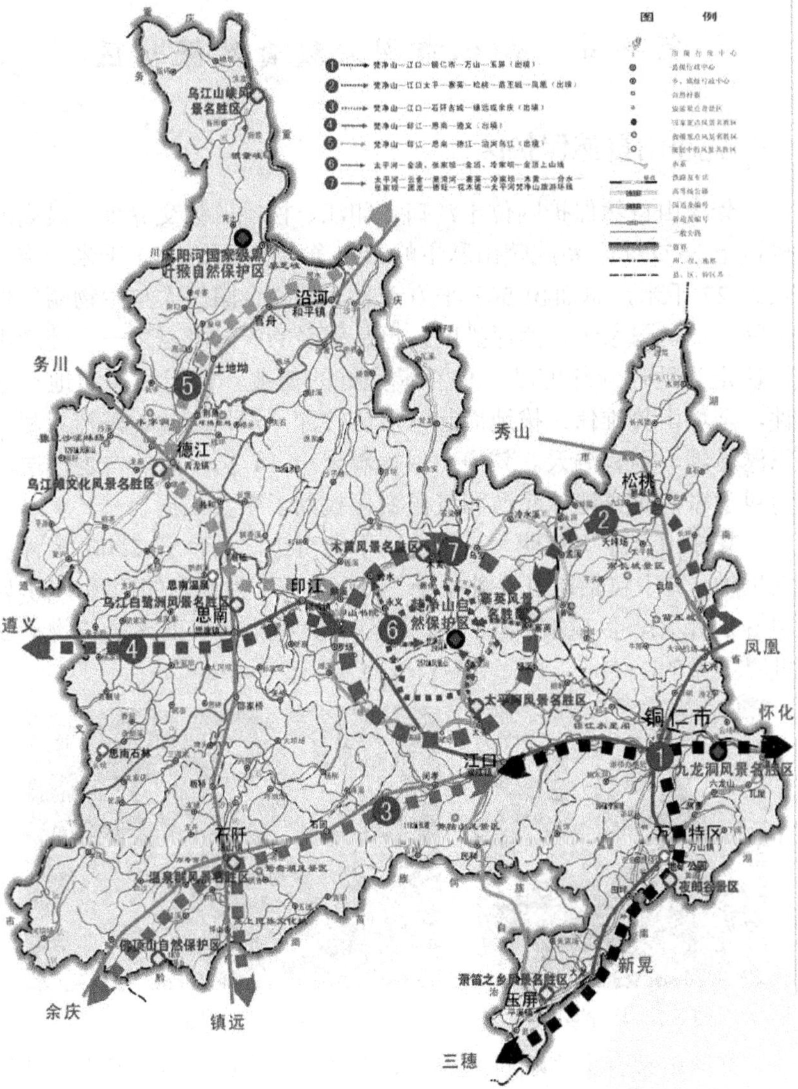

图 6-1　铜仁市精品旅游线路

第一节　铜仁市国家级自然保护区

一、梵净山自然保护区

梵净山自然保护区位于江口、印江、松桃三县交界处，最高海拔达至2572米，系武陵山脉主峰。梵净山东西长约21千米，南北长约27千米，总面积567平方千米，是联合国“人与生物圈”保护网成员，国家级自然保护区，也是著名的旅游景点之一。梵净山被认定为地球同纬度唯一保存最完好的植被。得天独厚的地形条件，全境山势雄伟，拔地而起，坡陡谷深，群峰高耸，溪流纵横，飞瀑悬泻，别有洞天。梵净山保存着至少14亿年前的古老地层，为科学家们研究地球起源和气候变化找到了事实依据。

梵净山有冰川时期大自然遗留下的奇迹，孕育着2600多种新老生物，其中包括以世界独生子“黔金丝猴”为代表的珍稀动物(如图6-2所示)，以珙桐(如图6-3所示)、紫薇为代表的珍稀植物都是世界罕见的。

图6-2　黔金丝猴

图6-3　珙桐

梵净山素有集“峨眉之秀、黄山之奇、华山之险、泰山之威”于一山的美誉，梵净山自古便有“弥勒道场”的佳话流传，因而与普贤道场峨眉山、文殊道场五台山、观音道场普陀山、地藏道场九华山齐名天下，被称为“中国第五大佛教名山圣地”。

(一) 佛光

佛光，又称“宝光”，由于梵净山主峰海拔高、气候复杂多变，加之光的折射因素，尤其在旭日东升或夕阳西下时，游客在特定的角落可以看到金顶腰间五光十色的巨大光环。佛光是绚丽而又神奇的一种自然景象。佛光的美不仅仅只是远处的一道光环，最让人感到神奇的是将观赏者自己的身影也映照在奇异的光环之中，人动影动，人走影走，美轮美奂。佛光奇景如图 6-4 所示。

(二) 金顶

金顶，是山顶一座孤立突兀的石峰，高约 95 米，顶部时有云雾缭绕、紫气升腾，每当日破云霞，山顶金黄一片、彩云绚丽，尤为壮观，故称红云金顶。金顶风光如图 6-5 所示。

图 6-4　佛光

图 6-5　金顶

(三) 太子石

太子石是一个奇特景点，相传皇帝妃子九皇娘到梵净山修行，小太子不见母亲，便悄悄溜出宫门，历经艰难险阻终于来到梵净山脚牛尾河边，太子仰望金顶，声声呼喊母亲，撕心裂肺，催人泪下。太子石风光如图 6-6 所示。

(四) 金刀峡

金刀峡，位于金顶兀中处，深约 90 米，最狭窄处不足一米，仅容一人通过。传说是释迦牟尼佛和弥勒佛在金顶修行，玉皇大帝公平裁决，用金刀劈破故而得名，信奉的人们依据传说于左建释迦殿，右建弥勒殿。金刀峡风光如图 6-7 所示。

图 6-6　太子石

图 6-7　金刀峡

(五) 蘑菇石

蘑菇石是一方岩石经历上千年的风吹雨打屹立在崖边，高约 10 米，上大下小，形如蘑菇。此石大有一触即倾之险，奇险异常。蘑菇石风光如图 6-8 所示。

(六) 万卷经书

万卷经书位于梵净山顶部，整个山体层层叠叠，堆砌有序，势如卷帙浩繁的古代典册齐天堆放，气势巍峨。传说是当年唐僧西天取经返回时，白龙马穿云破雾，前蹄不小心触及梵净山时从马上落下的一叠佛经化石而成。万卷经书奇景如图 6-9 所示。

图 6-8　蘑菇石

图 6-9　万卷经书

(七) 梵净山交通

航空：铜仁凤凰机场每天都有航班往返省会贵阳，单程约 35 分钟左右。梵净山，距铜仁凤凰机场 110 千米，省道连接，车程 2 小时，交通便利。

火车：渝怀线经过铜仁市区。北京、昆明方向的游客可乘列车到玉屏站，湘黔线的列车均停靠此站，然后转乘汽车至江口或铜仁(约 1 小时)。

汽车：杭瑞高速(G56)大思(大兴至思南)段在江口县城、梵净山均设有收费站，从玉屏或铜仁到梵净山都需要乘坐汽车才能到达梵净山脚下。

(八) 门票

梵净山门票在旅游旺季价格为 110 元，在旅游淡季为 90 元。若选择乘坐索道上山，往返需 160 元，单程需 90 元。

开放时间：每天 7:30—18:30。

二、麻阳河黑叶猴自然保护区

麻阳河黑叶猴自然保护区，位于沿河自治县西部麻阳河洪渡河流域，与黎芝峡西岸毗邻，总面积约为2万公顷，该区域分布着国家二级保护动物黑叶猴和其他珍稀动植物总计74群700多种。河域两岸山势险峻，植被茂密，溪流泉涌，气候宜人，是游客观光的好地方。主要有20多个景点分布在该区域，如：河谷景观、老鹰岩、凉桥、大河坝温泉、石碑、月亮石、朱家洞等。

麻阳河人杰地灵，人与自然和谐相处。黑叶猴由于长期与人类接触，即使它们在悬崖上与相隔几十米远的人相视也不畏惧，哪怕你喊它几声，它们也会视而不见、听而不闻。因此，麻阳河自然保护区是野外生态观测黑叶猴最适宜的场所。

尽管保护区山势险峻，公路盘旋，但道路宽敞，国道连接，距离沿河县城仅有20多千米。可乘船、自驾车，公共交通也十分方便，沿乌江至思渠镇(或洪渡镇)，沿途还可以尽情观赏乌江两岸奇峰怪石，上岸后有5千米山路。

黑叶猴别名乌猿，属猴科，体型纤瘦，四肢细长，头较小，尾巴较长，顶有黑色直立的毛冠，头两颊至耳基部有白毛，通体乌黑，唯有尾尖端部为白色。黑叶猴喜群居，跳跃能力极强，主要生活在峭壁林间和裸露的岩壁上，是珍稀灵长类动物之一，分布在贵州、广西为数不多的地区。生长区域狭窄，数量稀少，属国家二级保护动物。关于猿的故事有很多，曾留下最著名的千古诗句“巴东三峡巫峡长，猿鸣三声泪沾裳”。

第二节　国家风景名胜区

一、九龙洞风景名胜区

九龙洞，位于铜仁境内，距城区17千米，是云贵高原最东的一处典型的喀斯特地貌，也是一处汇集山、水、林、洞于一体的风景名胜区，景区内动植物种类繁多，森林资源相当丰富，加之气候宜人，是一个天然的避暑胜地。景区范围245平方千米，核心区域105.8 平方千米，主要由九龙洞、翠峰石林、锦江景区、六龙山峡谷组成。

九龙洞前俯锦江河，后靠六龙山，是岩溶高原的一处大型溶洞，主洞全长约3.2千米，最宽处200米，最高处达80米，洞内形成七个天然大厅、一个天厅和一道暗河。总面积8万平方米，洞内钟乳石林立，五光十色，晶莹剔透。

主要景点包括：九龙洞、观音寺、骂龙溪、莲台峰、岩马、锦江、冷热二风洞、美人晒丝、岩董新石器文化遗址、鱿鱼洞、六龙山竹海、仙人脚、莲池庵、落鹅土家族村寨、六龙山峡谷、七股水、岩牛寨、将军放箭、天堂鸳池、将军箭瀑布、金鳌峰、屯上屯堡、楠洞飞泉、古树藤萝、冷风洞等。九龙洞风景区自然条件优越，气候宜人，自然人文景观星罗棋布。加上优美的锦江风光及明清民居古建筑、东山寺等人文景观与洞连成一片，是自然资源和民族风情融为一体的宝地，也是贵州重要的旅游科研基地和特色农家乐的聚集地。所以，每年前来游览的游客数不胜数。

二、石阡温泉群

石阡温泉群被评为全国第七批国家级风景名胜区，有温泉之乡的美称。它位于石阡县中部、东北部和西南部，面积约273平方千米。景区内有以国家重点文物保护单位万寿宫为代表的明清古建筑，有以红二、六军团司令部旧址为代表的红色旅游资源，有以石阡城南温泉为代表的石阡温泉群，也有原始生态植被保持完好的佛顶山，有以尧上仡佬族民族村和楼上古寨为代表的民族古村落，还有上千只鸳鸯栖息的贵州独一无二的鸳鸯湖等。

第三节 省级风景名胜区

一、印江木黄镇

木黄镇位于武陵主峰梵净山脚下，地处两省(市)三县(印江、松桃、秀山)交界处，距印江县城约 41 千米，素有印江东大门之称。木黄镇是中国工农红二、六军团会师圣地，省级风景名胜区，省级红色文化名镇。这儿还保持着传统的赶集方式，集镇商贸繁荣。

木黄镇元代为仁溪里，明代为朗溪蛮夷长官司上五洞。木黄古建筑始于元代，大量修建于清代，古镇原有清代建筑 10 余处，但经历代战乱和人为破坏，损毁过多，现存古迹已公布为省、县级文保单位的仅 9 处，包括清代万寿宫、祝家私宅、建厂田氏土司衙署、水府宫、建厂田氏宗祠等。

1934 年 10 月 24 日中国工农红军第二、第六军团在这里实现胜利会师。半个多世纪以来，木黄曾留下了许多红军的脚印，也见证了历史的变化。木黄也为革命圣战做出过不可估量的贡献，由任弼时、萧克、王震率领的红六军团，后来为红二方面军的形成奠定了坚实的基础。中国革命战争史上的许多重大事件在此发生，同时也为木黄留下了许多珍贵的历史文物。主要包括：贺龙旧居遗址、红二、六军团木黄会师纪念碑、贺龙钓鱼台、红二、六军团木黄会师纪念馆(水府宫)、红六军团政治部旧址(祝家私宅)、会师柏、红三军政治部旧址(万寿宫)、红三军两战木黄遗址等。

二、梵净山太平河风景名胜区

太平河风景名胜区位于江口县太平乡，主要由自然保护区规划的旅游带——梵净山景区、黄鹄山景区及县城附近景区、龙阳仙人桥溶洞群景区、太平河漂流带景区、鱼良溪景区组成，总面积超过40平方千米。主要包括：三狮拜象、鬼门关、三星伴月、不二门、乔角洞、龙阳洞、黄鹄山、鱼良寨、二洞沟、仙人洞、仙人桥、省溪司峡谷、地落水库、河家坝等景点。太平河风景名胜区森林植被繁茂、保护完好，从未引进过污染型企业，所以野生动植物资源丰富，具有极为良好的原生态环境。

三、乌江白鹭洲风景名胜区

乌江白鹭洲风景名胜区位于贵州省东北部的思南县境内，与乌江毗邻，乌江黄金水道纵贯景区与长江相连，是典型的岩溶景区。风景区民间手工艺和少数民族文化丰富浓厚，其中，以独具特色并有戏剧活化石之称的土家族傩文化为代表。景区属于长江流域乌江水系，是较为典型的喀斯特岩溶地貌，山高谷深，有500～900米之间落差高度。景区内兼具自然人文景观，其中自然景观15类，包括江河、喀斯特地貌、沙滩、古村名木、石林等；人文景观16类，略计有文物古迹、民间工艺、民族风情、古民居、节庆活动等。

第四节　自然景观旅游资源

一、豹子岭—寨英风景名胜区

豹子岭—寨英风景名胜区位于松桃苗族自治县大兴镇、寨英镇、正大乡、盘信镇、石岘乡、长兴镇、盘石镇、木树乡等乡镇境内，面积为102平方千米，包括4个景群。景区内屯堡、古边墙、炮台、营盘、古战场、碉楼、关隘等构成一道凝重的红色景观，其次是峡谷风光、跌水瀑布、苗族村寨、森林景观等，给旅游开发创造了基础性条件。加之区域内丰富的民俗文化，如中国滚龙艺术之乡——寨英，为旅游产品开发提供了丰厚的文化题材。除丰富多样的自然景观、民族村寨、民族风情外，还有风格独特、规模宏大、保存完好的寨英明清古建筑和中国南方长城遗址，深受游客和史学家的喜爱和关注。

二、长坝石林

长坝石林位于思南县西南长坝乡境内，是贵州省内最大的石林景观，面积约 3600 平方米。景区怪石嶙峋，千姿百态，有桃园结义、唇齿相依、老叟垂钓等 18 个景点。石林与森林相互依存，浑然天成。石林腹地有许多天然溶洞，其中仅双龙洞就有 72 个岔洞，洞中有山，有水，有林，还有瀑布和美丽的神话故事。所以，长坝石林具有极高的旅游和调研价值。

三、腾龙壁

腾龙壁位于思南县城，形似巨龙腾飞，气势磅礴。乌江腾龙峡的石崖绝壁，长达 2 千米左右，高度差达到 100～200 米，石壁上色彩斑斓，雄伟壮观。在这里可以欣赏到独特的峡谷风光。

四、乌江古纤茶道

乌江古纤茶道位于思南县乌江悬崖绝壁之上，长 1000 余米，高出江面 3 至 6 米，此纤道是明清时期由人工开凿而成，宽度为 0.5 米，高为 1.5 米，凹陷于绝壁之中，纤夫需要屈身于其中，匍匐而行，其险峻可想而知。如今，这种传统交通方法也作为非物质文化保留下来，游客到此，都能亲身感受到当地特色的传统文化。

五、黑河峡

黑河峡是贵州最大的一条地下河，长 1800 多米，地处于思南县思林民族乡思林水电站库区，奇山秀水、明暗交替、长洞幽幽、水陆并通、资源丰富，有很大的开发利用价值。堪称天下一绝的天生桥，还有迷宫似的地下溶洞：小溪槽、洞口槽、仙人洞、犀牛洞、锅底洞、桅杆洞，洞洞相通，明暗交替，景景相连。方圆 6000 平方米的旅游景观可以以五个字概括：“惊、奇、险、幽、特”，被中国地质大学专家和广西旅游勘测设计院共同认证为“中国第一，亚洲一绝”。

六、四野屯

四野屯属于省级自然保护区，位于乌江中下游思南县西南 40 千米，属于典型的喀斯特地形地貌。四野屯自然保护区总面积 4.8 万亩，最高海拔约 1.3 千米，最低海拔 454 米，属于典型的亚热带季风气候，雨量充沛，冬无严寒，夏无酷暑，所以植物种类繁多，分布着 2400 多种新老植物，如银杏红球、乌龙贡茶、楠木等罕见树种。其中，一株楠木树已有 1300 多年的历史、高达 25 米，被称为“贵州楠木王”。除了植物，珍稀动物物种也很丰富，包括穿山甲、斑羚、大灵猫等几十种动物。四野屯自然保护区是集山水、洞、峡谷、历史文化、民俗文化等为一体的景区，集群状况良好。景区内自然景区以之字峡、岩头河、五叠瀑、石人山、双扇门、千年神龟等为代表；人文景观则以岑头盖白号军古遗址、岑子寺为代表；民俗歌舞有土家花灯、狮子灯、金钱杆；民间工艺有雕刻、刺绣、印染、草编、竹编、剪纸等。

七、天生桥峡谷

“黔东第一大峡谷”天生桥峡谷位于川硐镇，峡谷深达 300 米，两岸陡峭险峻，林木葱郁，桥宽 150 米，长 70 米。

八、豹子营水库

豹子营水库位于碧江区东北部滑石乡，三面环山，库区主干河流为锦江支流马岩河。

九、紫薇王保护园

紫薇王保护园位于印江土家族苗族自治县永义乡政府所在地，是梵净山西线上山的必经之路。园内有一株国家一级保护植物“紫薇树”，树龄1380多年，树高34米，冠径15米，胸径1.9米。在1998年被选入贵州省古、大、珍、稀树木名录。因属第三纪残遗植物，被科学界视为植物活化石，具有极高的科学研究价值。

十、石阡太虚仙洞

太虚洞是石阡八景之一，位于城南2.5千米燕子岩山腹中。早在明万历年间被知府郑一信命名为“太虚”。它因恍如鳄鱼张开的巨口，吞天光而藏瑞气，深玄似天空而藏自然之妙，历代古人至此皆称其为“黔南第一景”、“第一仙洞”。太虚洞摩崖有：第一山、观音山、万佛山等。太虚洞是典型的喀斯特岩溶洞，洞内怪石嶙峋，它的灵巧和神秘以及几百年来蕴含的文化不得不让人们叹服，又有“观音洞”之称。从这里还可以观赏雾中的石阡城全景，令人心旷神怡。

十一、石阡五峰山森林公园

五峰山是石阡县城正东后方的一处景点，有“城市后花园”之美称，地处石阡县中心旅游开发区，距县城2.5千米，平均海拔700米，最高峰海拔1064米，五峰山因有五个山峰而得名，它们分别是龙尾峰、青冥峰、元宝峰、龙峰、白岩峰。五峰山背面的云台山有着历史悠久的云台寺和造型独特逼真的奇石景观等。山腰处石林中的石壁题字“出岫无心”，气势恢宏、雄浑有力。山上峰峦连绵，松林如海，空气清新，令人仿佛置身“世外桃源”。五峰山森林公园以优美的自然景观和独特的人文景观而著称，是休闲游玩的好去处。

第五节 人文景观旅游资源

一、中南门古城

中南门古城已有一千三百多年的历史，是贵州开发最早的古郡之一。它东接湖南，北邻重庆，是贵州通往中原的必经之路，被称为“黔东门户”。保存较好的明清建筑约有 103 栋，民国时期建筑 3 栋，保存完好的四合院有 35 个，太平水缸 32 个，1 个码头，古巷道 11 条，63 个石库门和 81 个天井；保存最完好的烽火墙上嵌有各家界址的姓氏墙砖，如杨姓墙、徐姓墙、禹姓墙、郭姓墙和左姓墙等。

古城区内的民宅已经有两三百年的历史，各民族民居建筑、宗教建筑、商业建筑在此地巧妙结合，黔东文化、中原文化、徽商文化在这里交融发展，构成了独有的地方历史文化景观。

二、川主宫

川主宫，俗称川主庙，位于铜仁城三江交汇之处的铜岩西侧，2006 年被列为全国重点文物保护单位。川主宫始建于明洪武八年(公元 1375 年)，为四川旅铜商贾会馆，奉祀蜀太守李冰及其子二郎神像于其中。川主宫建筑规模宏大，占地 5000 平方米，是铜仁市现存年代最早，保存最完好的古建筑群。川主宫总平面呈“凸”字形，坐西北向东南，整体依山就势，为二进高封火墙围护四合院式建筑。目前码头与后殿已毁，其余的正殿、石阶、牌楼式大门、石栏平台、戏楼、两厢等建筑完好保存。

三、周逸群烈士故居

周逸群烈士故居(见图 6-10)位于铜仁市城区东山脚下共同路旁，属省级重点文物保护单位和贵州省爱国主义教育基地。周逸群烈士故居总面积 1065 平方米，有三幢较大的木房前后并列，另有两幢较小木房侧立于其左右，皆为悬山顶单檐式结构，以料石为柱基，青瓦覆盖，屋脊三角攒尖，古朴典雅。

图 6-10　周逸群烈士故居

四、大明边城景区

大明边城旅游景区，2012 年正式被列为国家 4A 级旅游景区，是贵州省首批文化产业示范基地之一。景区位于贵州省铜仁市东郊，于水晶阁沿锦江右岸展开建筑而成，景区占地 3000 亩，总投资 11.9 亿元。大明边城景区在明朝贵州铜仁府的古渔村遗址基础上进行保护性开发和发展，是西南最大的综合历史文化景区之一。

大明边城旅游景区分为广场演艺、市井文化等八大文化体验板块，其中涵盖“吃住行游购娱”六要素，景区包括麒麟府、城门广场、传统龙舟赛事娱乐景点、中华美食长廊、九龙洞府、梦幻剧场等景点，正在全力打造国家 5A 级旅游景区。景区背景以明“史”为据，以明“军事”为主脉，以贵州多民族融合的历程为主题，以相互依存的“边城文化”为内涵，以地方特色为背景，将致力于开发明朝以来的贵州600年历史文化，是全面多方位地展示贵州独特而丰富多彩的历史文化的综合景区。景区已于2012年5月1日开始试运营。

五、寨英古镇

寨英古镇位于贵州省松桃苗族自治县寨英镇，距县城65千米。是中国滚龙艺术之乡、省级风景名胜区、国家级文物保护单位、贵州省五大保护古镇之一。古镇有古城墙、古城门、古石板街道、八大商号、水门码头及桶子屋民居和会馆等历史文化遗址，各种建筑错落有致、杂而不乱，古朴而自然，再现寨英当年的热闹繁华现象，景区是一座苗汉文化共融的具有典型徽派建筑风格的古镇，有“小南京”之称。寨英古镇至今仍是梵净山区旅游景区中规模最大，保存最好的古建筑群，寨英古镇享有“梵净古都”的美称。此外，寨英景区还包括有浑水洞峡谷、逍遥洞、阳雀林场、白鹭洲、梵净山博物馆、落满红石古道等旅游景点多达20处。

六、苗王城景区

苗王城景区坐落于松桃苗族自治县正大乡，是在西南所有少数民族地区中，保存至今的唯一一处多元化的古苗寨，涉及政治、经济、文化、军事和建筑等领域。其中景区约占地10平方千米，古城依山傍水，前后建有六个古兵寨，古寨内有11条巷道，巷道内有11道寨门。苗王城是具有古兵寨风格的建筑(即空桐、独树、龙塘、地容、满家、田家寨等)相互链接起来，形成了一个保存完整的苗王城风景名胜旅游景区。其中主要景点包括：苗王吴黑苗墓、苗王的点将台、军机洞、苗王故居、风雨桥、天生桥、苗王炼硝洞、苗王悬棺遗迹等景点。景区内的苗王城吊脚楼群，是中国最有特色的吊脚楼群之一，由五栋吊脚楼组合而成，嵌在悬崖峭壁之上，十分雄伟壮观，充分体现了苗族人民的建筑水平和朴实勤劳。

七、团龙民俗文化村

团龙民俗文化村位于印江土家族苗族自治县城东 42 千米处的梵净山西麓，距离梵净山第一皇庵护国寺 5 千米处，也是西上梵净山拜万米卧佛、攀金顶的必经之地，是“天然土家民俗博物馆”，原始的自然生态与民族生态相互依存，在景区的主要景点有：土家吊脚楼、风雨桥、千年茶王树等。团龙民俗文化村有古朴的“小桥、流水、人家”与古老的贡茶树，是土家族的风情乐园。依次坐落于河溪两岸的土家木楼，每天能接待数百位游客。晚上可以看到土家族民俗表演、土家族舞蹈、土家族山歌。景区完整保留了土家族吊脚楼、风雨桥等土家特色建筑，还完整保留了过赶年、傩堂戏、花灯、女儿会、山歌对唱、摆手舞等土家族民俗活动。

八、蔡伦古法造纸村

蔡伦古法造纸村位于印江土家族苗族自治县合水镇蔡家坳，村庄的沿河两岸保存着传统的造纸工具器皿，还有古时的老水车、水槽、烤料窑、一百多个老作坊等。从事造纸生产的有百多户人家，其中年产白皮纸约三百多吨。蔡家坳村寨仍然继承和传承着蔡伦的古法造纸技术，并且还在每年的农历三月十九日蔡伦生日举行纪念蔡伦活动。这也为后来印江县成为书法之乡奠定坚实基础。

九、云舍土家民俗文化村

云舍土家民俗文化村被称为“中国土家第一村”，该村落坐落在江口县太平河风景名胜区内、被誉为“天堂河谷”的太平河畔，距江口县城有 7 千米远。主要景点有：龙塘河、轰鸣泉、神龙潭、古法造纸坊、仙人洞、四十八脚庵第一脚庵、土家桶子屋等。除此以外，村落中还保留了许多丰富的民族传统节日，除春节、元宵、端午、中秋、重阳等重大节日外，还有过赶年、过社、六月六、七月半等少数民族节日。

十、周和顺盐号

安化街与和顺号是贵州思南县的文化品牌。周和顺盐号，当地人习惯称其为“周家桶子”，因为当时盐号主人住的是“桶子屋”，又叫“印子屋”，就是北方的四合院。其占地1.5平方千米，修建于清光绪年间，共有居室30余间。当时此类盐号多达70余家，由于近代战乱，特别是经过改革开放后城市翻天覆地变化发展，保存下来的著名商号却是寥寥无几，因此，和顺号才显得如此珍贵。

十一、荆竹园古战场

荆竹园位于乌江东岸，距思南县城 50 千米，是白号军起义的主战场，面积约3万平方千米。白号军遗迹包括东西卡门、万人坑、石雕堡。东卡门是上山的入口，是出入荆竹园的重要关卡。万人坑位于东卡门之侧，白号军起义失败之后从东卡门逃亡，但因道路狭隘，无数人跳崖而死，便有了万人坑之名。石雕堡为当时的战斗工事，连接悬崖上下，至今保存完好。

十二、石阡红二、六军团总指挥部旧址

红二、六军团指挥部旧址是贵州省红色旅游经典景区、爱国主义教育基地，位于石阡县城中心长征路东侧的天主教堂，步行可直接到达该景点。天主教堂始建于清光绪二十八年(1902年)，为天主教德国圣心会石阡教区本堂，规模最大时占地 7000 多平方米，为红军“石阡会议”旧址。一楼一底，为军团总指挥部及司令部旧址。楼上 3 间房里的墙壁上，有保存较好的红军标语 18 条，修女楼曾是贺龙、王震等领导人住址。石阡是革命老区，红军长征曾两次过境，在这里留下了无数的丰功伟绩。现在的陈列馆仍保存着 400 余件红军在石阡开展革命活动的文物，神甫楼现存有当年红军留下的

标语和漫画多达 20 余幅。1982 年，红二、六军团总指挥部旧址经贵州省人民政府批准为“省级重点文物保护单位”。

十三、佛顶山

佛顶山是贵州省东部仅次于梵净山的第二大高山，位于石阡县西南缘。和梵净山相同，历史上曾是黔东佛教圣地，而且佛顶山自然保护区也是当地除梵净山国家级自然保护区以外，保存较好的中亚热带常绿阔叶林区。佛顶山区太阳辐射值低。年总辐射为 79.6 $kcal/cm^2$，比同纬度其他地区少，位于全国日照低值区。总太阳辐射季节变化以夏季最多，冬季最少，春季高于秋季。佛顶山区拥有良好的生态环境和复杂多样的环境类型，为生物的繁衍生息提供了良好场所，生物资源丰富。佛顶山也是红色旅游区之一，有著名的甘溪战役遗址和英雄烈士纪念碑，是开展革命传统教育的红色景点。总之，佛顶山及周边地区是黔东旅游线的重要景区，自然景观丰富多彩，人文景观源远流长，将舞阳河风景区、石阡温泉风景区紧密相连，极具发展生态旅游、红色旅游、民俗旅游的潜力。

此外还有察院山庄、铜仁傩堂戏与傩文化博物馆、云落屯悬棺、朗溪古镇、响水洞民族文化村、瓦窑花鼓之乡、南长城、石阡县“府文庙” 和“万寿宫”等。

第六节　特色文化旅游资源

铜仁各地都有具有浓郁地方特色的文化活动，例如弥勒佛护法大会、中国梵净山傩文化艺术节等，以梵净山国际文化节为龙头，有很多节庆活动和旅游文化。松桃县打造的“生苗”文化精品节目，以斜走飞刀、上刀山下火海、烈火烧身、捞油锅、竹竿立鸡蛋、仙人合竹、秤杆提米、嘴叼铧口等民间绝技为龙头。松桃的寨英滚龙表演会以滚龙艺术为核心；江口云舍的土家文化展示节目，以土家族的婚俗为核心；此外还有依托护国禅寺佛学院等寺庙的印江佛法音乐会。这些以“多彩贵州风”为特色的地方精品文化活动，共同构筑了多元丰富、美丽多彩的贵州地方文化。

铜仁是多民族杂居地区，少数民族众多，各民族既相互交融，又保存各自的习俗，衍生了丰富多彩的民俗文化和民族风情。民俗文化风格奇异、多姿多彩，独具魅力，形式独特，底蕴丰厚。例如江口金钱杆、印江合水长号唢呐、印江古法造纸、松桃滚龙、铜仁龙舟赛、铜仁文琴戏和“龙灯钹”等。此外，还有众多民族传统节日和区域性重大节庆活动，例如土家族民族文化节、书法文化节、傩戏文化节、茶艺会、戏剧研讨会、梵净山登山节等，这些都是当地所独有的特色文化，对于外来的游客吸引力相对较大。“一乡一品”的文化艺术创建活动，形成了一批特色文化乡镇及文化旅游资源。铜仁市文化娱乐以民族风情为特色，例如松桃苗族民族文化遗产、大兴休闲旅游产业基地、铜仁傩文化博物馆等。梵净山地区自古就居住着土家、苗、侗、仡佬等少数民族，就是历史上称的“五溪蛮”或“武陵蛮”。在长期的社会生产活动中，各民族形成了自己绚丽多姿的民族风俗文化，犹以土家族风俗习俗和苗文化最为突出。区域内形成了一批省级重点民族村寨，如苗王城、云舍、寨英、张家坝、冷家坝、团龙等。

土家族的风俗文化包括：过社、赶年、清明节、寒食节、中秋节、端阳节、六月六、月半节、冬至、重阳节、祭风神、祭土地、朝山、祭梅、祭山神、祭风神、祭飞山、祭白虎神、文昌崇拜、嫁毛虫、社饭、提亲、吃栽秧酒、红书开亲、讨年庚、烧香、过礼、唱拦门酒、开脸、客奠、哭嫁、打黑耳朵、上灶、辞行、回车马、拜堂、报喜、喝交杯酒、闹洞房、开路、回门、移床送终、摸秋、报丧、家奠、唱孝歌、花园酒、出殡、红棺葬、下旷、接亡灵、敖磉、烧七、排扇、上梁、竖柱、撒抛梁粑、踩门等传统较有特色的风俗文化。

苗族的风俗文化包括：赶新年场、清明、端午节、苗族祭祖、放社、吃新节、祭土地、四月八、祠堂会、中元节、重阳节、拂尘节、六月六、除夕、朝山、瓦窑花鼓舞、寨英舞滚龙、苗族特技(煞铧、下火海、上刀山、掏油锅)、苗族傩戏、孟溪花灯等较有特色的风俗文化。

如表 6-1 所示，铜仁市民族文化底蕴造就了丰富的文化旅游特色商品。

表 6-1 铜仁文化旅游特色商品

地区	类型	产品
碧江区	工艺品 绿色食品 风味食品 土特产品 纪念品	纺织工艺品：民族服饰、绣花鞋、围巾、头巾等； 印染工艺品：服饰、旅游手帕、蓝靛印染工艺品等； 刺绣工艺品：苗族刺绣、壁画、屏风等； 银饰工艺品：银花、银簪、凤冠、颈带、项圈、披肩、银链、戒指、银八宝、银算盘、银哑铃、银酒具、银筷和银胸饰等； 剪纸工艺品：苗家剪纸等； 石雕、木刻、竹器编织系列； 傩面具、花鼓、花灯系列； 土特产品：桔、柑、柚、梨、李、桃、杏、枇杷、刺梨、猕猴桃、柿、茶、香菇、竹笋、玉兰片、板栗、平菇、松菌、木耳、折耳根、仙蒜、野芹菜、龙爪菜、蕨菜、薇菜、鸭脚掌等； 风味食品：苗家粽子、过年糍粑、蒿菜粑、粉粑、锅巴粉、社饭、酸汤虾、黄豆焖腊肉、香脆鸭、糯米甜酒、糯米油菜、酸鱼、酸肉、水酸菜、干酸菜等； 旅游文化商品、纪念品系列：旅游画册、梵净山风光明信片、书法扇面、字画、篆刻、印章；紫袍玉带石雕刻工艺品、石墨砚、思州砚、镇纸、烟斗、石画、石雕花鸟；各色干花、花篮、干花拼画；土家族、苗族竹编背篓、竹斗笠、竹编插花筒、竹雕民间传说、竹根雕、竹编凉席等；朱砂饰品

续表一

地区	类型	产　　品
江口	工艺品 土特产品	土特产品：珍珠花生、萝卜猪、贡米、中草药、野生苦丁茶、梵净山山野菜、米豆腐、江口豆腐干、牛干巴、岩蜂糖、侗家姜茶、榨萝卜、养殖中华鲟、社饭；桔、柑、柚、梨、李、桃、杏、枇杷、刺梨、猕猴桃、柿、茶、香菇、竹笋、玉兰片、板栗、平菇、松菌、木耳等； 工艺品：竹制品、紫袍玉带石等
印江	土特产品 工艺品 纪念品 保健食品	工艺品：民族服饰、绣花鞋、布鞋、苗族刺绣、银花、银簪、凤冠、颈带、项圈、披肩、银链、戒指、蝴蝶、牙签、银八宝、银算盘、银哑铃、银酒具、银筷和银胸饰、苗家剪纸； 土特产品：桃、杏、李、鲜菇罐头；药酒系列、药膏系列、清凉祛暑汤系列、保健养生系列、茶叶系列； 旅游文化商品、纪念品：印江县旅游画册，梵净山风光明信片； 书法扇面、字画、篆刻、印章等； 紫袍玉带石、石墨砚、镇纸、烟斗、石画等石雕工艺品；干花、花篮、干花拼画等干花工艺品； 竹编背篓、竹斗笠、竹编插花筒、竹雕民间传说、竹根雕、竹编凉席等
松桃	纪念品 民族服饰	织锦、刺绣、苗族服饰、苗族银饰、傩面具、奇石、藤制工艺品等
石阡	工艺品 风味食品 土特产品	土特产：泉都地热矿泉水、苔茶、豆腐乳、泡椒、石阡苦丁茶、夷州碧螺春、泉都碧龙茶、石阡皮蛋、苦丁茶、干豇豆等； 工艺品：火笼、扇子、竹筛、箩筐、竹篮、背篼等； 风味食品：绿豆粉

续表二

地区	类型	产　　品
思南	土特产品 工艺品 小吃	土特产：红糖粑粑、米粉、猪脚粉、卤盘臭豆腐丝、娃娃烤蕨粑； 思南塘头斗笠、美食特产乌江酸鱼、酸菜、酸豇豆、酸茄子、酸麦麸、水腌菜； 小吃：猪油汤团、蛋花圆子、酒酿圆子、白糖方糕、多肉小笼包、八宝甜羹、鲜肉馄饨、虾肉馄饨、雪菜大包、素包； 工艺品：花灯

第七章

梵净山与世界自然遗产

第一节　梵净山环境

梵净山位于中国贵州省东北部，位于 27° 46'50"～28° 1'30"N，108° 35'55"～108° 48'30"E 之间，是国际“人与生物圈”保护区网络成员之一、中国国家级自然保护区。如图 7-1 所示，东南季风与西南季风这两种独特的季风气候都经过梵净山，属湿润性季风山地气候区。梵净山自然保护区作为一个亚热带具有代表性的自然生态系统，在现今世界各地生态环境不断遭到破坏的情况下，梵净山自然环境和森林生态系统却很少遭到人为活动的破坏，保存了梵净山最原始的生态状态。2013 年 10 月 31 日，贵州省铜仁地区相关部门正式启动了梵净山申请世界自然遗产一系列相关项目，力争在 5 年内达成这个目标。申请世界自然遗产对于梵净山旅游业的发展，具有极大的推动和促进作用，然而旅游业的蓬勃发展，也给梵净山带来了一些负面影响，影响梵净山生态环境。根据可持续发展理论，在旅游开发的同时兼顾生物多样性保护双赢策略的研究，对梵净山申请世界自然遗产是至关重要的。

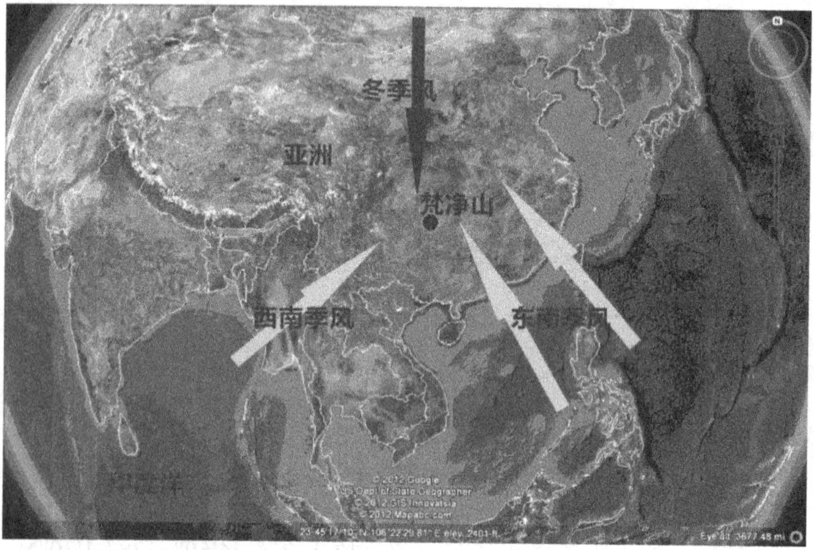

图 7-1　梵净山在东亚季风区的位置

梵净山区域的地质、生物系产生年代久远。梵净山区的地质基础形成于前震旦纪时期，区内出露的最古老的地层为梵净山群，绝对年龄大约为 10～14 亿年。梵净山出露的地层，主要包括中上元古界梵净山群地层、下古生界的震旦纪、寒武纪、奥陶纪、志留纪地层、上古生界的泥盆纪、二叠纪地层，以及中生界的三叠纪、侏罗纪、白垩纪地层，海相沉积岩和古生物化石丰富。

梵净山地区水系发达，地形切割强烈，高差较大，坡度较陡，加之断层、节理、裂隙较发育，同时，区内广泛分布志留纪页岩、泥岩等软质岩及第四纪残坡积物等，为滑坡、崩塌、泥石流地质灾害的形成提供了基础地质条件。梵净山区矿藏有铁、铜、锡、钨和金属矿及非金属矿等多种矿产资源。但是，由于矿藏矿点结构与地层，地质构造条件复杂，资源前景目前还无法定论，开发利用要以慎重的态度对待。

梵净山的年平均气温介于 5.0～17.0℃之间，1 月均温−3.1～

5.8℃，7 月均温 15～27.4℃，梵净山地区水资源十分丰富，年平均降水介于 1100～2600 毫米之间。

第二节 旅游发展现状

古老的地质构造、丰富的生物资源与亚热带顶级生态系统使梵净山自然保护区具有特殊的保护价值，使梵净山成为贵州省甚至中国的重要旅游资源。

一、基础设施

梵净山的基础设施已日益完善：铜仁凤凰机场、梵净山东线索道、渝怀铁路、梵净山环线公路、印秀高等级公路、江口—黑湾河二级旅游公路，杭瑞高速公路、印江县城到护国寺的公路等，为游客快速进入景区提供了便利的交通条件。另外，还建成了太平河景区旅游步道，改造了棉絮岭登山步道以及一批停车场、厕所、人行便桥、游客休息亭等设施。基本恢复了梵净山护国寺、建设了太平河佛教文化园等旅游项目，还建设了一批星级宾馆饭店。梵净山自然生态和佛教文化旅游的形象逐步树立。

二、保护规划

随着旅游业近年来的蓬勃发展，对梵净山的自然文化遗产资源环境的保护产生了一定的影响，但也极大地提高了旅游者与当地居民的环保意识，推动了区域经济的发展，为资源与环境保护提供了资金。在对梵净山旅游资源进行开发的同时，必须重视对梵净山自然文化遗产资源的保护。按照梵净山自然保护区总体规划，该保护区分为三大功能区：

1. 核心区

核心区位于保护区中心区域，沿缓冲区边界向保护区中心部分延伸，占保护区总面积的58%。核心保护区保持了自然原始状态，具有较完整的原始森林系统，受到国家法律法规的严格保护，最大限度地避免了人为干扰和破坏。

2. 缓冲区

缓冲区处于核心区外围，沿保护区现有国有林为界平均向内推进100米，面积0.28万公顷，占保护区面积的7%。该区域作为核心区与试验区之间的过渡区域，可开展多种科学研究和监测工作，但禁止任何形式的利用自然资源的活动。

3. 科学试验区(包括旅游小区)

整个梵净山保护区边缘地带划为科学试验区，同时，按照现行生态旅游线路走向(黑湾河口—鱼坳—茴香坪—金顶—护国寺—张家坝一线)，在进入林区以路中心为起点，两侧各100米为试验区范围，其面积约1.45万公顷，占全区面积的35%。该区可在保护生态资源的前提下开展相关科学研究、教学实习、多种经营和旅游活动。

旅游业的快速发展，促进了当地市场兴盛，带动了交通运输、餐饮服务、旅游商品、旅游食品和特色农产品加工等多个相关产业发展，旅游从业人员也随之增长，就业人口不断增多。但整个景区内发展是不平衡的，东线旅游业较为成熟，西线和环线游人稀少。游客大多选择直接从江口索道上金顶，游览了金顶后从索道下，游览的景点非常少、停留时间有限，对地方经济发展的贡献也是有限的，需要进行合理的规划和改造。

三、生态文化

自然资源是梵净山最有价值的资源，在现代社会，人民生活水平不断提高、越来越渴望回归田园式的生活、重视健康养生大环境下，要充分利用梵净山优美的自然旅游风光和极佳的生态环境开展田园风光游和生态养生游，打造梵净山绿色、健康、养生的品牌形象。具体做法如下：1、在风景优美的转塘、桃花源、金厂河等区域进行合理的招商引资，打造高端休闲度假村、度假区，吸引高端游客，打造生态度假胜地品牌形象；2、积极引导梵净山环线周边乡村农民开展乡村旅游，注重在吃、住两方面展现梵净山的特色风采，政府大力提供政策支持，提高农民收入，农民有收入来源会减少对资源的索取和破坏。

四、佛教文化

梵净山是我国著名的弥勒道场，有着深厚的佛教文化内涵，佛教文化起于唐代、兴于宋代、盛于明代、衰于清末。梵净山由于山体庞大，寺庙众多，如天庆寺、朝天寺、天林寺、天池寺、香山寺、坝梅寺、水源寺、朝阳寺、回龙寺、罗蒋寺、大佛寺、报恩寺、镇国寺、承恩寺、丹霞寺、万佛寺、回香坪寺、太平寺、明珠寺、继恩寺、兴隆寺、丁家坪寺、永兴寺、文峰寺、城隍寺、银水寺、明牙寺、西岩寺、孝慈寺、鹅梨坳寺、秀峰寺、水塘坡寺、通缘寺、三宝寺、龙泉寺等，构成了梵净山庞大的佛教寺庙群。

第三节　申请世界自然遗产

世界自然遗产入选标准有 4 项：① 具有超乎寻常的自然现象或非同寻常的自然美和美学价值；② 是反映地球演化历史主要阶段的杰出范例，包括生命的记录，重要的、正在进行的地貌演化地质作用，重要的地貌形态或自然地理特征；③ 是反映陆地、淡水、海岸、海洋生态系统和动植物群落正在进行的重要的生态和生物演化过程的杰出范例；④ 包含就地保护生物多样性最重要和显著的自然栖息地，包括从科学和保护的角度看，包含具有突出普遍价值的濒危物种的栖息地。只要完全满足这四条标准中的一条，就可以申报世界自然遗产。与此同时，世界自然遗产还必须同时满足三个完整性条件：① 包含展示突出普遍价值的所有必要要素；② 有足够大的面积，能够完整展现提名地重要意义的特征和过程；③ 较少受到人类发展活动的影响。

因为梵净山地处亚热带气候温暖湿润，地史上未受到第四纪冰川侵袭，成为许多古老孑遗生物的避难所，其中以第三纪孑遗的古老成分较多。梵净山是中国西南与中原地区的过渡区域，也是西南季风和东南季风的过渡区域，水热条件配合好，森林植被覆盖面积大，植物种类丰富，是多种植物区系地理成分汇集地，植被类型多样，保存完整，原生性强。同时梵净山区地理位置特殊、自然条件复杂、地质演化历史悠远，所以具有极其丰富的生物资源。据不完全统计，梵净山区植物种类有277科、795属、1955种，其中，裸子植物有6科14属19种，种子植物144科460属1155种，苔藓类50科127属245种，蕨类38科85属183种，大型真菌45科123属372种。梵净山国家自然保护区共分布药用种子植物110科298属622种，298属划分为13个分布区类型和变型，热带分布属共99属，占总属数的36.94%，温带分布属159属，占总属数59.33%，中国特有属10属，占总属数3.73%。梵净山具有开发利用价值的乡土园林植物在100种之上。

梵净山植被茂密，森林覆盖率达90%。保存完好的大面积森林作为整个生态系统的重要核心，初级生产力很高，是系统能量流动与物质循环的重要环节。根据森林覆盖型的概念，梵净山森林可以划分为以下几个类型的森林：原生性的类型——栲树林、青冈栎林、水青冈林、铁杉林、冷杉林、杜鹃林、槭树林、花楸林、矮樱林；次生性的类型——响叶杨林、桦木林、枫香林、马尾松林、杉木林、杉木(人工)林、毛竹(人工)林、油茶林等；珍贵稀有类型——珙桐林、黄杨林、冷杉林、铁杉林、高山柏林、水青树林等。主要森林树种共有405种(包括变种)，分属70科175属。这些种类中被列为国家一级重点保护植物的有：珙桐(*Davidia involucrata*)；二级重点保护植物有钟萼木(*Bretschneiderasinensis Hemsl*)、连香树(*Cercidiphyllum japonicum var. sinense*)、香果树(*Emmenopteryshenryi*)、鹅掌楸(*Liriodendronchinenes*)；三级重点保护植物有花穗花杉(*Amentotaxusargotaenia*)、金钱槭(*Dipteronia sinensis*)、厚朴(*Magnolia officinalis*)、凹叶厚朴(*M.，biloba*)、花木(*Ormosia henryi*)、楠木(*Phoebe nanmu*)、白辛树(*Pterostyraxcorymbosa*)、华铁杉(*Tsuga chinensis*)、长苞铁杉(*Tsuga long ibracteate*)等。梵净山国家自然保护区共分布药用种子植物 110 科 298 属 622 种，298 属被划分为 13 个分布区类型和变型，热带分布属共 99 属，占总属数的 36.94%，温带分布属 159 属，占总属数 59.33%，中国特有属 10 属，占总属数 3.73%。梵净山具有开发利用价值的乡土园林植物在 100 种之上。梵净山原生兰科植物有 38 属 72 种，这些兰科植物生活类型多样，既有地生、附生和腐生类型，也有半地生和半附生类型。

由于梵净山山体陡峻，相对高差达 2000 米以上，形成植被、气候、土壤等明显的垂直分带现象。

西南坡或西北坡：① 海拔 800 米以下为中亚热带；② 800～1400 米为北亚热带；③ 1400～2000 米为南温带(暖温带)；④ 2000 米以上为中温带(温带)。

东北坡或东南坡：① 海拔 600 米以下为中亚热带；② 600～1250 米为北亚热带；③ 1250～1900 米为南温带；④ 1900 米以上中温带。

梵净山森林覆盖率达 90%以上，结合植被带与土壤带，梵净山区从山麓(500 米)到山顶，可以划分五个垂直地理带谱。500~1300 米为以栲属(*Castanopsis*)、樟属(*Cinnamomum*)、楠属(*Machilus*)为主的常绿阔叶林带；1300~1900 米为以青冈栎属(*Cyclobanopsis*)、水青冈属(*Fagus*)为主的常绿落叶阔叶林混交林带(如图 7-2 所示)；1900～2100 米为以槭属(*Acer*)、樱属(*Prunus*)、花楸属(*Sorbus*)等为主的落叶阔叶林带；2100～2350 米为以铁杉属(*Tsuga*)、冷杉属(*Abies*)

为主亚高山针叶林带；2350~2572 米为以杜鹃属(*Rhododendron*)、箭竹属(*Sinarundinaria*)为主的亚高山灌丛草甸带(如图 7-3 所示)。

图 7-2　常绿落叶阔叶林混交林

图 7-3　高山杜鹃

梵净山区拥有东洋界的华中、华南和西南区三个区系成分的动物，陆栖脊椎动物有300种，其中兽类57种，鸟类69种(如图7-4所示)，两栖类34种，爬行类40种(如图7-5所示)。在兽类57种中，有 11 种被国家列为保护动物的珍贵稀有动物。一类保护动物有黔金丝猴、华南虎、云豹和苏门羚等；二类保护动物有熊猴、猕猴、短尾猴、林麝和毛冠鹿等。

图7-4　白颈长尾雉

图7-5　穿山甲

梵净山拥有世界上亚热带湿润区保存较完整，原生性较强，垂直分异较明显的森林生态系统，符合世界自然遗产入选标准第3项。梵净山生物种类丰富，已经查明的生物种类有2600多种，具有“生物基因库”的美称，其中珙桐、黔金丝猴和大鲵等是一级保护动植物，符合世界自然遗产入选标准第4项。

以梵净山植物种类的相关数量与国内位于北纬27°～37°之间的几处世界自然与文化双遗产和世界自然遗产的保护区作比较分析。主要包括与武夷山、三清山、黄山和泰山四处自然保护区进行比较。根据查阅文献得出各世界遗产地植物相关种类的数量，如表7-1所示。

表 7-1 梵净山与武夷山、三清山、黄山、泰山植物种类比较(单位：种)

自然风景区(面积)	裸子植物	台藓类	种子植物	蕨类	国家 1、2 级保护植物
梵净山风景区(38743 公顷)	19	245	1155	239	31
武夷山风景区(56527 公顷)	26	345	1976	304	26
三清山风景区(22950 公顷)	24	368	1826	179	19
黄山风景区(16060 公顷)	18	191	984	131	22
泰山风景区(42600 公顷)	52(含栽 40 种)	210	989	38	28

如果地方政府投入资源进行认真的申报工作，梵净山将非常有希望入选世界自然遗产。

第八章

铜仁市人口及社会事业发展

第一节　铜仁市人口及民族分布情况

铜仁全市户籍人口数429.21万人,国土面积约1.8万平方千米。其中：非农业人口达到53.87万人，农业人口375.34多万人；由于社会经济发展在全面属于落后地区，较多劳动力前往发达地区，导致常住人口较少约310.40万人，人口出生率约为12.70%，人口死亡率约为6.80%，人口自然增长率约为5.90%。

如表8-2所示，思南、松桃、沿河、德江、碧江五区县常住人口最多，碧江、玉屏和思南三区县人口密度最大。

铜仁是一个多民族聚居地区，境内有汉、侗、苗、土家、瑶、回、仡佬、布依、满、壮、蒙古、水、傣、白、维吾尔、黎、藏、京、畲、朝鲜、哈尼、高山族等25个民族。如表8-1所示，2010年，24个少数民族总人口约216万人(其中，土家族人口数约123万人，苗族人口数约45万人，侗族人口数约36万人)。

表 8-1 铜仁市民族分布状况

铜仁市民族构成(2010 年 11 月)

民族名称	土家族	汉族	苗族	侗族	仡佬族	蒙古族	瑶族	回族	布依族	羌族	其他民族
人口数	1 229 710	927 216	450 786	361 132	102 849	7682	4058	2655	1745	1179	4192
占总人口比例/(%)	39.76	29.98	14.57	11.68	3.32	0.25	0.13	0.09	0.06	0.04	0.14
占少数民族人口比例/(%)	56.77	—	20.81	16.67	4.75	0.35	0.19	0.12	0.08	0.05	0.19

表 8-2 铜仁市各区(县)人口统计

区划名称	常住人口(2010 年 11 月)			户籍人口(2010 年末)
	总计	比重/(%)	每平方公里人口密度	
铜仁市	3 093 204	100	171.78	4 217 024
碧江区	361 670	11.69	238.87	381 653
万山区	47 818	1.55	141.59	64 909
江口县	172 761	5.59	92.88	235 330
玉屏侗族自治县	118 525	3.83	229.44	152 117
石阡县	304 387	9.84	140.58	405 567
思南县	499 336	16.15	224.86	671 851
印江土家族苗族自治县	284 220	9.19	145.18	434 585
德江县	367 920	11.89	178.12	518 253
沿河土家族自治县	449 819	14.54	180.58	653 672
松桃苗族自治县	486 748	15.74	169.14	699 087

注：碧江区、万山区人口数据为原县级铜仁市、万山特区口径

第二节　社　会　事　业

一、教育

截至2011年年底，铜仁市共有各级各类学校(幼儿园)2663多所(含民办332所)，其中幼儿园345所(含民办281所)、小学2038所(含完全小学1446所、教学点567个，民办25所)、初中213所(含民办13所)、特殊教育学校5所、高(完)中42所(含民办9所)、中职学校17所(含民办4所)、普通高等教育学校1所、职业高等教育技术学校1所、电大1所，在校学生人数达到888 706人。其中小学生440 046人，初中生224 086人，普通高中学生77 829人，幼儿园、学前班学生105 696人，特殊教育学校学生343人，中职学生26 738人，专科生9085人(含两院成人专科585多人)，本科生4883人(含两院成人本科121人)。有教职工44704人(含行政管理、教辅人员和工勤人员3376人)，其中小学专任教师有20860人、初中专任教师有11244人、特殊教育学校专任教师有92人、高(完)中专任教师有5370人、中职学校专任教师有962人、幼儿园专任教师有1572人、高校专任教师有912人(含铜仁学院490人、铜仁职院422人)。

1. 高等院校

铜仁市现有高等院校情况如表8-3所示。

表8-3　铜仁市高等院校情况

院校名称	主管部门	办学层次	地理位置
铜仁学院	贵州省教育厅	本科	川硐教育园区
铜仁职业技术学院	贵州省教育厅	专科	川硐教育园区
铜仁幼儿师范高等专科学校	贵州省教育厅	专科	川硐教育园区
贵州信息工程学院(民办)	贵州省教育厅	专科	德江县城南区

2．高级中学

铜仁市现有高级中学情况如表 8-4 所示。

表 8-4　铜仁市高级中学情况

二类省级示范性高中	铜仁第一中学(铜仁一中)、思南中学、铜仁市第二中学、松桃民族中学、石阡民族中学、沿河民族中学、德江县第一中学
三类省级示范性高中	铜仁民族中学(铜仁三中)、印江民族中学、石阡中学
市级示范性高中	铜仁市第四中学、铜仁市第八中学、铜仁市实验中学、铜仁学院附属中学、万山区民族中学、江口中学、玉屏民族中学、江口淮阳中学等

二、医疗卫生

截至 2011 年年底，铜仁市共有一级综合医院 1 所、二级综合医院 11 所、中医院 10 所、疾病预防控制机构 11 个、妇幼保健机构 11 个、卫生监督机构 11 个、采供血机构 7 个(包括 1 个中心血站，6 个中心血库)、合作医疗管理机构 11 个、乡镇卫生院 170 个(社区卫生服务中心)、村卫生室 2841 个、民营医院 45 个；各级各类医疗机构开放床位约 8413 张，每千人口开放床位数约为 1.96 张，每千人口医师数约为 0.76 人，每千人口护士数约为 0.52 人。各级各类医疗机构门急诊总量达到 907.79 多万人次，出院病人达到 37.19 多万人次，住院手术约 4.21 万例。用于临床的 10 万元以上医疗设施设备共有 3151 台件，百万元以上的医疗设施设备约 149 台件。

第三节　文化艺术

截至 2013 年年底，铜仁市共建设了县级文化馆 10 个、县级图书馆10个、博物馆以及纪念馆7个，初步实现了县级文化馆、图书馆全覆盖；县级体育场馆有7个；农民文化家园有153个、农家书屋有2699个、数字农家书屋有70个、农民体育健身项目有472个、乡镇综合文化站有152个、信息资源共享县级中心有10个、村级文化信息资源共享工程服务点有2452个。文化场馆建设总投资1.2亿元左右，实现了广播及电视村村通的目标。

铜仁市民族文化众多，有灯戏、傩戏、书法、箫笛、山歌、滚龙、赛龙舟、木偶、说春等非物质文化，其中已申报了世界非物质文化遗产预备名单1处、国家级非物质文化遗产7处、省级非物质文化遗产41处；被授予“中国民族民间文化艺术之乡”称号8个、“贵州民间文化艺术之乡”称号9个；拥有苗族“四月八”、土家族“过赶年”、侗族“赶坳节”、仡佬族“敬雀节”、羌族“羌历年”和“毛龙节”、“花灯节”、“摆手舞节”、“龙舟节”等20余个民俗节日；还有被誉为戏剧“活化石”的傩戏，神韵古朴的苗家四面鼓、土家摆手舞、侗族大歌，以及精妙绝伦的苗族绝技绝活，都是民族文化的瑰宝。

一、三月三

“三月三”是侗族的传统节日，俗称“赶坳”或“社场”，节日当天无论男女老少都会穿上侗族节日服装，聚集在山坳上唱山歌或摆故事。青年男女会用对唱山歌的形式，倾吐衷情，选择自己中意的对象。

二、六月六

农历“六月六”又称“尝新节”，节日当天各家会以新米、瓜菜和鱼肉等菜品供奉祖先，然后全家共餐。这一天全村人家都会曝晒衣服被褥，俗称“晒龙袍”。族长将会翻晒谱牒，以防霉烂、虫蛀。

三、石阡说春

“说春”为第三批国家级非物质文化遗产，始于唐代，是石阡世代流传下来的一种综合性的民俗活动。“说春”形式灵活，内容丰富多样，但说词讲究，意在劝农，同时还会为百姓送去五谷丰登、风调雨顺的祝福。

四、上刀梯

上刀梯又称上刀山，其意义是傩活动中“还过关愿”时作“关”来用，后来被民间艺人综合成一种艺术表演形式。在表演时加上了民族舞蹈、唱山歌、打击乐伴奏等民族特色表演内容，男女表演者每上一步刀山都要表演惊险壮观的动作技艺，令人惊叹不已。

第九章
铜仁市地方民俗节庆美食

第一节　风　俗　篇

一、苗族祭祖

印江土家族苗族自治县新寨乡凯望杨姓苗族每年春秋两季都会祭祖。农历二月十五为小祭，八月十五为大祭。与汉族的清明祭祖完全不同的是，大祭时凡是族人都要按人捐资捐粮，购牲(猪、羊)礼祭品，届时在祠堂内举行隆重的祭祀仪式，由族中有威望的长者(过去是族长)主持。祭祀时在祠堂正中神案上摆好香案祭品，焚纸燃香后，主持者便恭读祭文，全体俯伏于地，三礼九叩后，长号唢呐齐鸣，锣鼓、鞭炮惊天动地，热闹非凡。祭祀之后把祭品按股份分摊，称为“份肉”，由各家长带回家，全家分享。小祭时以户为单位，在堂屋“京柱”前击鼓焚香燃纸，求祖宗护佑来年风调雨顺。

二、祠堂会

又称清明会，苗族习俗。是一种以宗族为单位的民间聚会形式。由族人按人分摊股份钱粮，通过摇骰子或抽签来决定承办祠堂会的承办人，称之为“摇会”。承办人组织清明“挂清”等事宜。届时，在祠堂内祭祀后到祖宗坟上“挂清”。(用白皮纸打制的清纸插到坟上)。然后宴请族人饱餐一顿，若略有盈余归承办人所有。如承办人无能力承办，可以转让承办权。苗族人民通过这种形式，加强民族内部的团结和互信，促进情感交流，和睦相处。

三、祭风神

土家族习俗。是印江土家族特有自然崇拜仪式。在农耕社会里，求得风调雨顺、旱涝保收、五谷丰登是土家人民的愿望。祭风神习俗流传很久，早在元代，网陀溪隘门巡检司长官任子元与秀山坪茶司长官杨外公之孙女婚配，其女嫌上下二洞旱涝灾害严重，三年两不收，不愿出嫁，于是杨姓土司把祖传两面宝旗相送，使其上下两洞旱涝保收，后宝旗被毁，灾害重来。只有设坛祭祀，以保风调雨顺，祭风神每三年一小祭，每十二年一大祭。时间在六月六日，大祭时特别隆重，主要程序有启神、踹神、竖旗、杀牲、献白、争食稀饭。而祭风神在专门场所进行。称为风神塘、风神堡。设祭坛，请傩坛法师主持，杨姓有名望的人主祭。这一习俗一直延续至今，祭风神相继被峨嵋电影制厂和中央电视台搬上银幕和荧屏。

四、朝山

朝山是一项具有群众性的宗教活动，土家族和苗族都有朝山的习俗。印江朝山，主要是朝大佛山(梵净山)，也有以本地大山就近朝拜的，如天堂的九龙山、玛瑙山、毛寨的干岩、城区的观音沟等。每年农历六月初一开山后就可朝山。土家族、苗族都是具有多神信仰的民族，朝山崇拜的对象有佛祖、观音，也有岩精树怪，还有白虎、飞山公、土地山神等。朝山之前，人人要沐浴净身，诵经斋戒以示对神灵的虔诚膜拜。届时大多结伴而行，举黄龙旗伞，敲锣打鼓，吹长号唢呐，唱“摩耶、摩耶、南无阿弥陀佛”的佛歌，带上香烛纸钱，逢庙就焚香燃纸，跪拜如仪。朝山期间，有出售饮食、香纸烛、土特产的，也有表演民间歌舞的，热闹非凡，如同北方赶庙会。

五、祭土地

土家族与苗族都有祭土地的习俗。土地神是人们心中最崇敬的神祇。每村每寨都修有土地庙(祠)，每家每户家龛下边都要立土地牌位，供奉土地公和土地婆。土地有九神，各司其职，如天门土地主管天地尺牍，往来人间天上向玉帝禀告；山神土地主管狩猎，伐木烧炭；城隍土地主管阴曹地府，惩恶扬善……还有当方土地、长生土地、南椏土地、青苗土地、桥梁土地、梁山土地等。祭祀土地一是在土地庙，二是在家龛前。除逢年过节外，一般在结婚时，新郎新娘经过土地庙都要丢“香把”(用红纸条缠绕三匝的三支香)，玩灯(花灯、龙灯)途经土地庙时也要焚香燃纸，祭拜土地神，以求平安。

六、祭梅山神

土家族习俗。是一种原始宗教的信仰活动。据传在元末明初之时印江土家族还是以打猎为生，兼作刀耕火种的原始农业。打猎一是靠艺活(技术)，二是靠神力相助。这种神力就来自梅山神。梅山神是管理飞禽走兽的神，有上洞梅山赵大王、中洞梅山李大王、下洞梅山傅大王。这三洞大王都由飞山公管辖，凡猎户都要在家中设坛供奉这三大王。打猎前要沐手更衣，在梅山坛前焚香燃纸，念咒语叩拜，只有这样才能打到猎物，逢凶化吉。获得猎物后要将其头和内脏洗净煮熟再次祭祀酬谢梅山神。凡参与打猎的人或旁观者都要分享猎物，叫做“沿山打鸟，见者有份”。这种民族习俗一直延续至今。

七、祭白虎神

土家族习俗。土家族的图腾即为白虎，习惯上称为白帝大王。

传说土家族的远祖廪君在死后化为白虎。过去土家族族人都会在家中摆设白虎神位，在野外也会修白虎庙、供白虎神，以示对祖先的崇敬并祈求祖先保佑族人安宁康乐。土家族筑房一般在正房两侧修建厢房，正房的堂屋要有吞口、“取虎坐式”。在堂屋中柱上贴上“白虎镇乾坤”字样的红纸条。以此来避邪驱鬼，野兽虫蛇不敢入宅；小孩要戴“虎头”或“猫头”形的童帽。大门外的“镇山”也要取虎头形，崇拜白虎既是对动物崇拜也是对祖先崇拜。印江自治县木黄镇乌溪村原有一座白虎庙，常有人前往祭祀，当地人称它为“白神庙”，但由于年久失修，现今仅存遗址。

八、飞山庙

土家族的习俗。是祭祀飞山公杨再思的场所，杨再思(869—957)，原籍淮南，系东汉太尉杨震24代裔孙。其父杨居本官为淮南丞，唐懿宗咸通年间因功授辅国大将军，并调叙州(今湖南西部、贵州东北部)戍边。杨再思在其父谢世后袭父职，被苗蛮拥戴为酋长，逐渐拥有以“朗溪峒”为中心的西北四峒。杨再思因治国安邦功勋显著，被宋王朝先后追封为阴助侯、威远侯、英济侯、广惠侯、英惠侯，被元朝追封为宣明助顺王、威远广惠王。他坚持清白家风及孔孟之道，主张以德兴仁，坚持国家统一，坚持汉蛮和睦，使武陵五溪地区稳定发展。杨再思死后三年，百姓感恩怀德，开始建庙祭祀，称其庙为 “飞山庙”，奉杨再思为神，每逢其生辰忌辰均入庙隆重祭祀，以刀头、猪头或整猪整羊作祭品。现今木黄镇老寨村还保存有一座飞山庙。

九、文昌崇拜

土家族民俗。文昌帝君是掌管文昌府事和人间功名利禄之神。四川梓童县七曲山人，姓张，名亚子，生于西晋太康八年(288)。张亚子被元始天尊点化，并赐给他一匹“百特”坐骑(马面、鹿角、骡身、牛蹄)，闲时是一根荆竹竿、骑则行走如飞。张亚子受元始天尊嘱托回七曲山盘陀石蒲团上打坐一百年，并写成千言文章《荫骘文》，教人为善。唐玄宗避安史之乱入蜀追封张亚子为左丞相。明末农民起义之时义军头领张献忠追封张亚子为高祖始皇帝。土家族受巴蜀文化影响甚大，十分崇拜文昌帝君，每家家龛上都供奉有“七曲文昌梓童帝君之神位”的牌位。在印江各地还修建了不少祭祀文昌帝君的“梓童阁”、“文昌阁”、“文昌宫”。现在保留下来的有印江文昌阁、新业文昌阁、杉树杨家寨文昌阁、甲山梓童阁、凯望梓童阁等 10 余座。每年农历二月初三日文昌生日时进行祭祀，逐渐形成一种土家族传统习俗。

十、社饭

也称“过社”，土家族习俗。土家族人十分重视饮食，每年春社，即立春后第五个戊日这天到坡上采集野葱、火草、野蒿等野菜，洗净后沸水潦、清水透、反复几遍，去除苦味，加上腊肉、糯米、黏米、等调料混合蒸煮成社饭，全家人围桌同吃，欢度节日。社饭微苦，伴有山野菜的清香，回味悠长，营养丰富，易于消化。是土家族人钟爱的一种饮食。

十一、赛龙舟

龙是中国吉祥的象征，是掌管降雨的神。龙舟竞渡，在铜仁俗称“划龙船”，最早是侗家人向龙神祈福免灾的一种祭祀活动。

十二、嫁毛虫

土家族习俗。土家族人住在青山绿水中，但深受毛虫的危害，瓜果蔬菜受灾，树木枯死，果木生虫。他们对毛虫恨之入骨，但由于受佛教不杀生理念的影响，土家族人民对有危害的毛虫不是采取灭杀的办法，而是采取防范和“嫁”(驱赶)的办法。每年正月十四日晚，在房屋周围要用石灰“摳毛虫”，一人用草绳吊上一只破草鞋(以代替毛虫)在前面拖，一人用撮箕装上石灰在后面撒。然后用石灰在场院里画上“古六泉、刀、枪、剑、戟”等图案，以防范毛虫侵袭。再则就是在农历四月八日，在中柱上用两张红纸条分别从两端向中间写上“佛生四月八，毛虫今日嫁，嫁出青山外，永世不回家。”交叉贴上，在交叉处还要画上“紫微讳”。称为嫁毛虫。

十三、吃栽秧酒

土家族习俗。每年插秧时节，主家定好哪天开秧门栽秧后，就会请寨邻或亲友来帮忙，置办宴席，叫“吃栽秧汤水”(吃汤水能防止天干)，一日三餐，酒肉丰盛，大家同心协力，合力把秧栽完，借此表示当年能风调雨顺、五谷丰登。早上喝“合心酒”，表示大家齐心合力；中午喝“辛苦酒”，表示烈日下耕作辛苦；晚上喝“落心酒”，表示农活做完，主人家放心满意。晚上这餐酒主人家要劝喝个一醉方休，象征秧苗长势喜人，秋后大丰收。栽秧酒是邻里亲朋团结互助和谐的体现。

十四、摸秋

土家族传统习俗。每年农历八月十五日中秋晚上，寨里的小伙子们就要到地里去“偷”已成熟或快要成熟的栗子、花生、葵花子、核桃等，但偷的不多。这种行为不是真正意义的“偷”，它叫做“摸秋”，是一种恶作剧式的娱乐活动。目的是要挑逗被偷人家的臭骂才感到舒心，骂得越凶越吉利，从反面去讨敕封。然而被偷人家都很少有骂的。真要有人骂，偷者也不还口，而是乐意忘忧地说几句风凉话凑凑热闹而已，这与正月十五日晚到菜地里偷蔬菜(叫做“打油烟”)类似。

第二节　礼　仪　篇

一、过礼

男方家请媒人带上猪肉、面条、盐茶米面、衣服鞋袜、首饰礼物及香纸烛包封书子、鞭炮等礼物送到女方家里，女方家主要亲戚每家都有一块肉、一把面条。女方家会回赠男方新鞋一双。这种土家族的婚俗礼仪又叫行“雁奠礼”。

二、开脸

开脸又叫拆头，出嫁姑娘要由有“双福”(双老健在，有儿有女)的老妇人给姑娘用细线绞去脸上的苦发，修理眉毛、抹粉，梳妆打扮，挽发髻于脑后，戴上银针簪子和头花等头饰，穿上服装。这叫“行冠笄礼”，是姑娘从“黄毛丫头”步入新妇的一个转折点。

三、哭嫁

土家族的婚俗礼仪。女方出嫁前三天晚上，在闺房内众姐妹陪同哭嫁。先由母亲带头哭“开声”，再由姑娘和众姐妹陪同哭，哭的内容很广泛：有哭祖宗、哭父母的，哭哥嫂兄妹的，哭堂公伯叔的，哭亲戚朋友，哭匠人师傅等，总之见人就哭。被哭的人都要送红包给姑娘。会哭的姑娘被认为是很“在行”有出息的，为此有的姑娘从五六岁起就开始学哭。哭词大多数是在《哭书》中格式化的内容，也有“自编自哭”的内容。哭时凄厉委婉，如泣如诉。

四、打黑耳朵

土家族的婚俗礼仪。确定婚期以后，男方家就要请人帮忙，到女方家去迎亲，去帮忙迎亲的人叫“打黑耳朵”。即在帮忙人员的脸上耳朵处涂上用桐油和锅烟调和的膏泥，使之成为大花脸，被涂抹者不得生气，反而得兴致勃勃，这既是一种逗人的乐趣行为，也是以前“抢婚”的遗风。

五、唱拦门酒

土家族的婚俗礼仪。男方家的迎亲队伍到女方家。押礼先生呈上“投书”，这时女方家的执事先生在堂屋外置桌一张，上置酒盅和酒壶，把门给拦住，女方家执事先生首先致辞：“三里未曾铺毡，五里未曾结彩，先生贵脚来到贱地，招待不周，还望先生海涵。”男方家的押礼先生要对答如流后喝酒以表谢忱，然后再进屋呈上“投书”，女方家的执事先生方安排接待打黑耳朵的人员入席就餐。

六、辞行

土家族的婚俗礼仪，姑娘穿上嫁衣梳妆打扮之后，踩过米筛和升子，由兄或弟背到堂前，堂上蜡烛高照，香烟缭绕，姑娘要向祖宗父母跪别、辞行。带礼婆用红灯笼在姑娘的身上，上下各绕三圈(避邪)，男方家的带礼婆则立即在大门坝处牵引上轿(现改为撑红伞)。这时，鞭炮齐鸣，长号唢呐齐奏，锣鼓喧天，“打黑耳朵”的人员各执其事，招上嫁妆、轿子，蜂拥离去。

七、拜堂

土家族的婚俗礼仪。迎亲的轿子来到男方家大门前，接纳婆带引新娘子，下轿踩过米筛，跨越升子(早生贵子)，由新郎接进堂屋，随着掌礼先生口令，一拜天地，二拜高堂，夫妻对拜以后进入新房。次日早晨的拜客首先拜高堂，男方父母要给新娘发红包，包内装上“改口钱”，即新娘要改口喊爹妈，接着拜送亲客和其他尊辈亲戚。

八、喝交杯酒

土家族的婚俗礼仪。新郎新娘进洞房后，接纳婆要摆上香案，焚香燃纸，新郎新娘举杯喝交杯酒，表示永结同心，白头偕老，甜甜蜜蜜。接纳婆还要把米、花生等撒在床上，边撒边念“米子上床，儿孙满堂，花生落地，个个成器”。然后新郎新娘男左女右坐于床边，称为“坐床”。

九、闹洞房

土家族婚俗礼仪。新郎和新娘坐在床上后，媒人便打开房门，在门外早就等候的人们蜂拥而入，把新郎和新娘按在床上，要其表演互爱的节目，达到其目的以后尽兴而去。闹洞房不分亲疏，不论长辈晚辈共娱共乐。三天不分大伯小叔，即便是有不文明的举动，新郎和新娘也不会生气。

十、上灶

土家族婚俗礼仪。结婚后第二天，新娘以主妇的身份到厨房去，厨师则安排燃香焚纸及酒馔，新娘便以红包相谢，同时新娘拿起厨具做铲锅，洗碗筷等象征性动作。有恶作剧者会将吹火筒放入猪食桶内要求新娘吹，表示猪长得快，像吹的一样，新娘不能拒绝。而且新娘还要到井边挑水，表示家庭走向富裕。

十一、回门

土家族婚俗礼仪。婚期三日过后，娘家会派人接新郎和新娘，新婚夫妇则会带上礼物回到女方的娘家，拜望岳父母。女方娘家除了会盛情款待外，还会打发钱、物，希望小两口和睦相处，幸福美满，永结同心，百年好合，至此婚期礼仪圆满结束。

十二、报喜

土家族习俗礼仪。新婚夫妇生小孩之后，男方要带上鸡(生男是公鸡，生女是母鸡)到岳父家报喜讯。鸡被放在桌上，不用告诉岳父母，他们即知道是生男生女，并且作好送月米的准备。

十三、移床送终

土家族丧俗礼仪。老年人临终时，久而不落气，则家人要将其从卧室移至堂屋内。亲子女要守候在旁为老人送终。老人落气时必须由亲子女扶着，落气后立即放鞭炮，烧落气钱送死者升天。随后便用柏香水为亡者洗身(男性还要剃头)，穿上寿衣寿袜寿鞋，捆上白棉线的腰带，手中握手帕，脸上盖白纸，将其尸体按男左女右停放于堂屋侧，头朝内脚朝外，盖上老被。而且在尸体下面点上菜油地伏灯，这叫做“停丧”，同时用一张白纸将香火上的“天君亲师位”蒙上。在阴阳先生未“开路”前，丧家家属不得恸哭。

十四、开路

土家族丧俗礼仪。亡者尸体停放于堂左侧或右侧，尸床前置小桌一张，桌上用苦竹竿穿上纸钱，阴阳先生书写亡者姓名及生殁时间的灵牌供于桌上，还需要烫好洗净的雄鸡一只。阴阳先生拍击铰子，口中念念有词，给亡者开路。开路后燃放鞭炮，丧家子女媳妇及亲戚方能放声大哭。

十五、报丧

土家族丧俗礼仪。老人逝后，孝子需要在大门外张贴“讣音”，告诉亲朋好友，老人于何时寿终正寝，何时承服家奠，何时扶柩安葬。望亲友族届时光临，并派人到主要亲戚家报丧，使其有所准备。

十六、家奠

土家族丧俗礼仪。丧家在堂屋里设灵堂，大门上贴白对联(80岁以上的老人贴红对联)，大门上方两角贴三角旗以示孝敬，门额则贴“当大事”。首先举行家奠，举凡孝子一律穿孝衣戴孝帽(用笋壳编扎)，腰系草绳，手执缠绕白纸花的哭丧棒，由阴阳先生带引，喊三献礼，三礼九叩，跪拜如仪，然后俯伏于地，听读奠文，奠文一般是叙述亡者生平功名利禄、养子养孙的功劳及孝子对亡者的感恩思亲之情。最后孝子会绕灵三圈。

十七、客奠

土家族丧俗礼仪，由丧家的亲戚到灵前祭奠，称为“堂祭”。客奠时，客方事先要准备奠礼(酒馔、果品、食品)和孝仪(老被、白布上的祭文，香烛、纸钱、鞭炮)在灵前，丧家要给堂祭者发孝衣孝帕。女婿“堂祭”时奠礼更为丰盛，有的是整猪、整羊，有的是装9 个碗，碗内装半碗谷子，上面用纸隔住，碗上面装上肉豆腐、粉丝等，撒上茴香叶或葱叶即成。在阴阳先生的引导下，行三跪九叩礼(丧家要有人陪奠)后听读祭文，焚纸燃香鸣炮而结束。举行客奠一般在晚上，按亲疏、辈分来排序，也有按客到来先后排序。

客奠结束，所有孝子孝家全部参与祭奠的结束仪式叫做“圆祭”。

十八、唱孝歌

土家族丧俗礼仪，又称闹丧歌，在老人死后，丧家要请歌师在出殡前一天晚上(也有三天前的)在灵堂前起歌场，歌师们轮番歌唱。配以锣鼓钹等打击乐器，唱一段打击一番，又或者边唱边打。孝歌的内容丰富，有历史上传说中的 24 孝的“劝孝歌”以及“盘歌”、“庚生歌”、“安安送米”、“孟姜女送寒衣”等。唱孝歌一般分为四个程序，即“开歌场”、“接亡人”、“唱 24 孝”、“送歌神”，每个程序又有若干个内容。歌声凄厉悲哀，动人肝肠。唱得好的歌师能让在场所有人禁不住掉下眼泪。

十九、接亡灵

土家族丧俗礼仪。安葬完毕，要把亡者的灵牌、引魂幡等迎接回丧家堂屋。其灵牌要供放于灵房内，七七四十九天后，连同灵房一并送到坟上烧毁。接灵时，其引魂幡一端交与其子或女，幡尖部朝向门外。亡者的子或女跪于大门内侧，亡魂接来后，幡的竹条颤抖，接不来时要换人接，直到接来为止。据传对死者生前不敬的人和“火焰高”的人是不能接回亡灵的。

二十、砍京木

土家族立房习俗礼仪。土家族喜住木构架瓦房，立房是一件大喜事。立房首先请木匠选吉日。木匠来后第一件事就是“扎马”，即在木马上用凿子钉上纸钱，挂上刀头，以此避邪保平安。接着就是伐京柱木。以雄鸡一只，刀头一块，米粑及长钱 12 树，散钱火炮等来到树下祭祀，燃纸焚香。木匠边砍树，边说“福事”，京柱要选材质好、端直、砍后能再发的木料。接着再砍其他木料。

二十一、起度篙

土家族立房习俗礼仪。木料砍齐后，木匠掌墨师按主人家的要求，把房子的高度刻在长约两丈的长楠竹片上，穿枋榫头尺寸位置(相当于图纸)，叫做“起度篙”。1 丈 8 尺 8 寸或 1 丈 6 尺 8 寸一般是土家族的立房高度，以应“要得发，不离八”的吉语，构架排列以 5 柱 4 瓜或 3 柱 2 瓜为宜。度篙起好后按照尺寸在木柱上画墨，度篙不能跨越，不能踩踏，尤其忌讳女人跨越，以表示对鲁班师傅的尊敬。

二十二、敖磉

土家族建房习俗礼仪。打好新房地基后，要请石匠师傅打磉墩(柱础)。安放磉墩叫敖磉。主家要预备雄鸡一只，刀头、米粑、酒馔、纸钱以及石匠红带的围腰。石匠师傅以雄鸡挂号，燃纸焚香，口说“福事”后再按房子开间尺寸，朝向确定磉墩安放的位置及高度安放磉墩。磉墩安放的质量直接关系到房屋的稳固。石匠师傅会特别细心地调整水平。富裕人家的磉礅上要雕吉祥图案。

二十三、排扇

土家族建房习俗礼仪。加工好柱头、穿枋后，木匠师傅依序在柱头上斗上穿枋，瓜柱形成排列，称为排扇。排扇先排中堂左列，再排中堂右列，依次类推。排扇前主家要置办丰盛的酒席招待木匠，还要给掌墨师“仪式钱”(红包)。天刚亮时要以祭品“祭鲁班”，称为“祭仙”，主家要送新布鞋、新围腰给木匠，千万不能得罪师傅，对师傅特别恭敬，否则师傅会“做手脚”对主家不利。

二十四、竖柱

土家族立房习俗礼仪。排好扇后，按择定的吉日良辰，把排列立起来，称为“竖柱”。这天，亲戚朋友寨邻都来祝贺或帮忙，非常热闹。帮忙人员分成两队，拉住套在中柱顶端的黄龙(粗绳)，其余每棵柱间搭上楼梯。由掌墨师用雄鸡挂号后发槌，口念“福事”毕，随着众人一声“起”，鞭炮锣鼓齐鸣，把排列拉扶而站立起来。先竖中堂左边一列，再竖中堂右边一列。

二十五、上梁

土家族立房习俗礼仪。梁有“正梁”和“看梁”两种，又称大梁和小梁，先上大梁，再上小梁。建房的高潮是上大梁。梁要选用柏杨、椿木等能发的优质木材，砍梁时要烧纸说“福事”，招梁时要一直抬拢，中途不息。正梁上要缠绕五色布，每匹布都要1丈2尺长。还要摆上刀头酒馔等祭品举行祭梁仪式。掌墨师口说“福事”，边说边以布缠梁。帮忙人员与木匠互相对说“福事”，相当于盘歌一问一答，内容包括历史故事、生活趣事、生产劳动。盘完福事后把大梁平行抬上中堂排列间斗上。这时长号、鞭炮、铁炮轰鸣，唢呐齐奏，上好梁后，掌墨师要穿钉鞋从梁上走过，称为“踩梁”。一是表示木匠手艺高强，二是表示如意吉祥。

二十六、撒抛梁粑

土家族立房习俗礼仪。排列竖好后进行抛梁。装有红粑的箩筐被木匠扛起，从两边木梯上到大梁处，边上边说“福事”，上到顶端把大粑放于梁上(称为榨梁粑)，主人家则跪于中堂面向外，双手把衣服(长衫)的后幅托起形成衣兜，木匠先把榨梁粑从上丢入衣兜内，再把方颗小粑按东南西北方位依次抛撒，众人欢呼雀跃，弯腰拾捡。抛梁时木匠不能把粑抛完，要留下一部分退还主家，称为“金银归库”。这些抛梁粑被主家分发给石匠、木匠和至亲好友。

二十七、踩门

土家族建房习俗礼仪。新房建好后就进行装修，大门、香盒被修好后就踩门，亲戚朋友都要来祝贺，主家置办酒席款待。最重要的仪式是开财门。木匠师傅在堂屋内以酒馔果品、粑粑刀头祭仙(祭鲁班)后，才进行“开财门”。大门事先紧闭，两门结合部贴上“开门大吉”的红纸条，木匠师傅首先在屋内说“福事”，主家请来能说会道的先生在门外分别扮演“老寿星”、“财帛星”、“文曲星”。老寿星手持拐杖，财帛星端着放置金银钱币衣服鞋袜的茶盆，文曲星手执毛笔、纸砚。与门内师傅互说“福事”。“福事”的内容广泛，有鲁班生庚、三星来历、佛道儒三教、四书五经、历史名人、天文地理、气候气象、农耕狩猎等等。互相盘问回答，气氛热烈。其间每说一段配以锣鼓打击乐和燃放鞭炮，直至天明才把财门打开。大家争吃热糍粑，其乐融融。

第三节 节 庆 篇

一、赶年

土家族传统节日。在每年腊月二十八日烧年纸过年，即“赶年”，要赶在汉族过年前。相传，在明代前，我国沿海一带一直被倭寇扰乱侵犯，朝廷派遣“土兵”前往抗倭。朝廷下令于腊月三十前要土兵赶到前线。眼看年关将近，要想一家人能在出征前团圆，于是便在腊月二十八日偷偷过年。夜晚，慌张把猪肉切成坨，豆腐切成块，蔬菜掰成节，弄成一锅，称“合菜”，祭奠祖先后，全家人靠桌而坐，悄声而食。由于不让外人知道，赶年之时，不能开大门，没安大门的人家也需要晒席、蓑衣掩盖，因此又称过蓑衣年。过赶年不能用汤泡饭，这样在外的亲人才能征途平顺，一路平安胜利而归。这一习俗一直流传到今。正月初一之后，才走亲访友，拜年和玩龙灯、花灯、狮子灯、马灯等娱乐活动，到正月十五日之后才结束。

二、过社

土家族传统节日，有春社和秋社的区别。于立春后的第五个戊日为春社，立秋后第五个戊日为秋社。这天除吃野菜掺和的社饭之外，还要祭祖宗、祭社神，望社神庇佑，五谷丰登，饱食终日。过社需要给死去不满三年的亲人挂清，即在新坟前用酒馔、粑粑、刀头等祭品摆列祭奠，以表哀思。当地有“新坟不过社”之说，即不能等到“春社”日给新坟挂清。

三、寒食节

土家族传说节日。清明前一天称为“寒食节”，这天需要给逝去亲人坟上垒土，去除杂草。这一天之外，平时不能在坟前动土的，否则不吉利，会招来灾祸。

四、清明节

土家族、苗族传统节日。和汉族相同，土家族、苗族都祭拜祖宗，每年的清明节是祭祀朝拜祖宗之时。清明节前后 10 天，无论远近，在外的亲人都要赶回来为祖宗挂清，表示对祖宗的尊敬，同时在祖宗坟前贡上祭品，燃纸焚香、燃放鞭炮，跪拜祷告之后用白皮纸制的清纸插在坟头。印江还有挂众清的习俗，即以同姓同族为单位，集资筹粮，统一挂清，杀猪宰羊，在宗祠内祭祀之后再去祖宗坟前祭奠挂清，望得祖宗护佑。届时长号唢呐齐鸣，锣鼓喧天，铁炮鞭炮震地，热闹非凡。最后族人饱餐一顿，其乐融融。

五、端阳节

又称端午节，土家族、苗族的传统节日。为了纪念爱国诗人屈原，受汉文化影响，每年五月初五日(小端阳)，五月十五日(大端阳)，土家族、苗族人民过端阳节都要包粽子、蒸麦粑，在大门上挂菖蒲和艾蒿(既可避邪又可入药)，并用剥皮的大蒜蘸上雄黄水插在香盒上，或在房屋周围洒上雄黄水，这样可避免蛇虫蚂蚁的侵袭。在小孩头上蘸洒雄黄水可防蚊虫叮咬。

六、六月六

土家族有些地方过“六月六”，有“六月六、晒衣服”之说。土家族居住地区山清水秀、气候温和、湿度大，衣服被褥容易发霉变质。每年六月六日，好的衣料衣服都会被家家户户拿出来翻晒，又称“晒龙袍”。一经翻晒，衣料衣服就不会再霉变或虫蛀。在这天还要做粉粑拿到土地庙去拜土王，或拜土地，为保子孙后代昌盛兴旺。

七、月半节

又叫中元节，土家族、苗族的传统节日。每年农历的七月十五日，土家族和苗族人民过月半节都较为隆重。当日晚餐前要在大门外摆上丰盛的酒馔菜肴等祭品，燃香焚纸，祭祀在外面逝去未归的亲人。同时还要打发孤魂野鬼，使得家宅人畜安康。这天夜里要比平时早关门，妇女儿童尽量不要外出，由于“七月半、鬼乱窜”，防止“撞鬼”。

八、中秋节

汉族的传统节日，也是土家族、苗族的传统节日。农历八月十五日，中秋佳节，人们带着丰收的喜悦，吃月饼、赏月色，企盼全家团团圆圆、幸福美满。相传在元时，中原人民为了抗击北方“鞑子”的侵略和奴役，私下联系，藏匿信息于月饼中，定在八月十五中秋之时，一齐杀“鞑子”，为求得民族的生存，此后中秋便作为节日沿袭下来。

九、重阳节

土家族、苗族传统节日。九是阳数最大的数，两个九，即重阳，每年农历九月九日为重阳节，家家户户都会做豆腐、打糍粑或做吊浆粑、粉粑过节。当地有一句俗语，叫做“重阳不打粑，蛇要咬他妈。”可见重阳打粑的重要。过重阳是人们期盼风调雨顺、国泰民安、幸福生活能够长久的一种积极心态的表现。

十、冬至

土家族、苗族的传统节日，冬至是农历二十四节气之一，象征着冬天已经来临。羊肉属热性食物，吃羊肉可以驱寒保暖，因此，冬至杀羊、吃羊肉过节已成潮流。

第四节　铜仁美食

铜仁冬暖夏凉、气候宜人、物产丰富，历来是川、湘、黔的物资集散地，饮食文化在南来北往的交流中相互融合，特别是改革开放以后，铜仁的饮食文化得到更大的发展。尤其是铜仁夜市，独具特色的传统食品十分丰富，每当下午 4 时左右，摊主已纷纷上市摆摊，各种风味小吃琳琅满目，应有尽有。

一、糍粑

“一身洁白净无瑕，不择贫富百姓家。幸得主人多锤炼，留得馨香让客夸。”糍粑，是铜仁的传统食品，历史悠久，自古有喜庆、吉祥的象征，其名称有“年粑”、“喜粑”、“寿粑”、“抛梁粑”。用途也多，一是逢年过节馈赠亲友，俗有“拜年拜年，糍粑上前”之说；二是招待客人；三是农村建房上梁时的“抛梁粑”。有的用雕刻印盒将粑放在盒里一压，即成型，称印盒粑；若是庆寿用，就刻“寿”字；若喜庆，就刻“喜”字；若过年用，就刻“丰”字等。字皆呈红色。铜仁糍粑以上乘纯糯米淘净，浸泡后蒸熟，以木槌在木槽里打或在石槽里舂烂、舂细，用手掐成或压成饼。若临时吃，用黄豆、芝麻炒香与白砂糖研磨成细粉作调料，蘸着吃，口感柔软，有稻香味，舒适可口。若存放，待粑的水汽干后，可用清水泡在缸里，只要勤换水，泡几月甚至半年都不会变味。

二、绵菜粑

最初，铜仁习惯在中秋、重阳两个节日食用绵菜粑，有喜庆丰收之意，后来逢年过节都会有食用习惯，现已成为人们早餐的方便食品。主要原料为糯米、黏米、白蒿、馅子。糯米与黏米比例一般为七比三，将二种原料混合后，通过浸泡、滤干、磨粉、筛细、打芡、揉、研成粑蒸熟，也可根据需要包入各种馅子。铜仁绵菜粑具有柔软糯绵、香甜爽口等独特风味，吸引了新加坡、港、澳、台等许多华人慕名前来品尝。

三、马打滚

传统小吃，20 世纪 50 年代曾行销市面，备受食客青睐。外地人来铜仁偶食，便有“相食恨晚，食之相念”之感。其以黏米、糯米、黄豆为原料，经浸泡、舂粉、调浆揉制，煮熟后裹上芝麻糖衣即成。因裹粉时如马在打滚，故得此名。其味香甜可口，黏糯适中。

四、糖麻圆

传统小吃，形如鸡蛋，内白外褐，表面色泽红褐，芝麻裹面。制法以糯米加少量黏米打粉，调浆揉制，搓成圆状，在油锅里炸制而成。糖麻圆香甜酥脆，外形美观，老少皆宜。

五、锅巴粉

传统食品，锅巴粉色黄味鲜，粉质细腻，颇受人们喜爱，成为人们早餐中的主要食品。制法是先将绿豆、大米浸泡，细磨成浆汁，然后在大锅里将浆汁舀入烧热，用刮浆器沿锅周围将浆汁刮开刮薄铺匀，待焙熟后，再翻面焙干水分成绿黄色，内起蜂窝，成大块粉片时即起锅，常将之卷成扁筒状，食用时切成细条，稍煮捞起，以香酥的脆臊及香油、辣椒拌之，色泽鲜艳，香气诱人，味美可口。锅巴粉因水分少，便于短期携带，每当故乡人回家探亲或外出访友，都要带上一些锅巴粉让亲朋好友品尝。

六、糖醋芝麻冰凉粉

糖醋芝麻冰凉粉是传统夏令小吃，主要原料有：凉粉籽(又名木瓜子)、碱水、石灰水、红糖、香醋、芝麻等。在布袋内放入凉粉籽，置于一定比例的碱水、石灰水和冷水中揉制出浆，其浆发生化学反应而成，并呈乳白色晶莹透明状，食之滑润爽口，酸甜清香，透凉沁脾，解热止渴，老少喜食。

七、米豆腐

米豆腐的形状、吃法多种多样。有米虾、圆饼形、方丁形；有冷吃、热吃。经营摊点较多，特别是热米豆腐制作方法十分讲究。米豆腐的制作方法：泡米前用石灰放入坛子内加清水发制，石灰沉淀后水被倒出来泡米。头天晚上泡，第二天上午磨米浆。浆要磨细，磨好后再用纱布过滤一次。待锅中水烧开后倒入米浆下锅以锅铲不断搅拌，从稀到硬，再从硬到稀，尝一下不黏皮为好。在整个制作过程中成熟度、含石灰量可用口尝，火候全凭多年经验掌握。会看火、控制火、变换火候、适当搅拌，质量要求非常高。制作时要目不转睛观察锅内米浆的变化情况，熟透后，起锅装入干净豆腐箱或瓷盆内。冷却收水后存放半月也不会变质。吃时用细线切米豆腐，达到大小一致、均匀，再制作油辣椒，冷吃、热吃都非常可口。铜仁热米豆腐是铜仁男女老幼都喜欢吃的食品。贵州电视台经济生活频道曾多次报道“铜仁米豆腐”系列。

八、三月社饭香

每年的 3 月 26 日前后，即立春后的第五个戊日，是中国传统的春社日。这一段时间里，铜仁城乡弥漫着社饭的香气。

“社”古代指土地神，后引申为祭祀土地神的节日。社又分为“春社”和“秋社”，古代在社日这一天，都要举行祭祀活动。据梁朝宗懔的《荆楚岁时记》记载："社日，四邻并结宗会社，牲醪，为屋于树下，先祭神，然后飨其胙。"杜甫的《遭田父泥饮美严中丞》诗中"田翁逼社日，邀我尝春酒"，就记叙了这种风俗。王驾《社日》诗中的"桑柘影斜春社散，家家扶得醉人归"，更是描写春社的精彩名句。

然而，铜仁过春社的风俗，却与中国其他地方的大相径庭。铜仁人在过春社时并不热衷于祭祀土地神，而是对于家中有亲人去世不满三年的亲人进行祭奠活动。这三年中每逢春社，便要蒸好社饭，带上酒肉，邀集亲朋好友，到亲人的坟头上鸣放爆竹，焚化纸钱进行祭奠，然后再席地而坐，饮酒吃社饭，称之为"挂社"。

挂社一直持续三年，第一年称为"头社"，第二年称"二社"，第三年称"完社"。清光绪十六年(1890 年)编纂的《铜仁府志·风俗》记载："若服未阕者(旧时规矩，父母死后，守丧三年，期满脱去孝服，称为'服阕')，先于社日扫墓，以野蔬和饭祀之，谓之'社饭'"。由此可见，铜仁在社日扫墓吃社饭的风俗，至少已逾百年。社饭伴以野蔬(野葱、苦蒿之类)，其原意同居丧期间穿用最粗糙的麻布缝制的衣服一样，有自苦自虐的含意。但随着时代的变迁，社饭逐渐成了铜仁人见人爱的风味美食。社饭中除了野葱、苦蒿等必需品外，还拌上切成小丁的腊肉，使社饭成了一道风味独特的美食。

新中国成立后，上班族日渐增多，城里的人不一定能在社日得闲挂社，便改在与社日相近的假日。改革开放后，特别是 1995 年 5 月 1 日起又实行了双休日，人们不仅钱袋子鼓了，时间也充裕了，挂社也特别讲究起来，规模大一点的，一家邀请的亲朋好友，单位同事常多达五六百人。

铜仁挂社的风俗在历史的长河中，逐渐融入到其他民族中，社饭也成了铜仁各族人民喜欢的食物之一，因此也不一定是家中需要挂社的人家才做社饭。在三月采食野葱、苦蒿的季节，人们都喜欢做上一些社饭，端上几大碗送给左邻右舍，或给亲朋好友带去一两包，大家吃个新鲜、和气。

由于社饭特有的风味，近年来还有一些饮食业主专门经营社饭这一铜仁侗家特有的食品。人们无论何时想吃社饭，只需花上三元钱，便可买到一份清香可口的社饭；外地来铜仁的旅游者，也随时能品尝到铜仁的这一独特的美食。

附录一

铜仁市经济建设状况

(主要参考和引用铜仁市 2013 年国民经济和社会发展统计公报)

一、综合

铜仁市全年国民生产总值 535.22 亿元，年增长率为 15.4%，其中：第一产业生产总值 136.13 亿元，年增长率为 7.5%；第二产业生产总值 155.00 亿元，年增长率为 19.6%；第三产业生产总值 244.09 亿元，年增长率为 17.4%。以常住人口合计，铜仁市人均生产总值 17243 元(折合 2828 美元)，年增长率为 15.1%。

近年来，产业结构不断变化，第一产业占经济总量的比重持续下降，第二、三产业占经济总量的比重持续上升，三次产业的结构由上一年的 27.1∶28.8∶44.1 变为 25.4∶29.0∶45.6，第二、三产业占经济总量的份额已达 74.6%。

三次产业对经济增长的拉动分别为：第一产业 1.9 个百分点，第二产业 5.6 个百分点，第三产业 7.9 个百分点。第一产业对经济增长的贡献率为 12.6%，第二产业对经济增长的贡献率为 36.0%，第三产业对经济增长的贡献率为 51.4%。

二、农业

附表 1 所示为 2013 年主要农产品产量。

附表 1　2013 年主要农产品产量

产品名称	绝对数/万吨	年增长率/%
粮食	117.3	–3.4
其中：稻谷	41.88	–8.1
小麦	4.28	0.7
玉米	25.28	–10.3
油料	13.37	9.4
其中：花生	2.62	2.1
油菜籽	10.73	11.4
烤烟	3.63	4.1
茶叶	2.43	63.1
水果	22.18	26.4

随着农村经济较快的发展，全年实现农林牧渔业总产值达 220.88 亿元，年增长率为 7.8%。其中：农业产值 119.66 亿元，年增长率为 7.8%；林业产值 5.5 亿元，年增长率为 8.8%；牧业产值 83.15 亿元，年增长率为 6.6%；渔业产值 6.22 亿元，年增长率为 24.2%；农林牧渔服务业产值 6.35 亿元，年增长率为 7.6%。

主要农作物播种面积增长。全年粮食作物播种面积达 363 543 公顷(注：1 公倾 = 10 000 平方米)，年增长率为 3.3%；油料作物播种面积 81577 公顷，年增长率为 6.8%；蔬菜播种面积 80922 公顷，年增长率为 6.5%。年底实有茶园面积 81938 公顷，年增长率为 17.6%；果园面积 24521 公顷，年增长率为 2.4%。

全年实现粮食总产量 117.3 万吨，年增长率为 –3.4%，其中稻谷产量 41.88 万吨，年增长率为 –8.1%；油料产量 13.37 万吨，年增长率为 9.4%；茶叶产量 2.43 万吨，年增长率为 63.1%；水果产量 22.18 万吨，年增长率为 26.4%。铜仁市农产品产量如表 10-1 所示。

全年肉类产量 24.51 万吨，年增长率为 5.7%，水产品产量 3.81 万吨，年增长率为 24.3%。铜仁市主要畜产品产量如附表 2 所示。

附表 2　2013 年主要畜产品产量

产品名称	单位	绝对数	年增长率(%)
肉类	万吨	24.51	5.7
其中：猪肉	万吨	19.94	5.7
羊肉	万吨	1.18	–3.0
牛肉	万吨	1.66	11.6
禽蛋	万吨	2.1	1.1
猪存栏数	万头	223.47	1.6
羊存栏数	万只	68.61	14.3
牛存栏数	万头	53.06	0.3

三、工业和建筑业

年工业生产总值增加 112.18 亿元，年增长率为 15.6%。全市规模以上工业(2000 万元以上口径)实现总产值 412.77 亿元，其中：实现轻工业产值 77.18 亿元；实现重工业产值 335.59 亿元；规模以上工业实现增加值 96.40 亿元，比上年增长 15.7%，其中：实现轻工业增加值 27.06 亿元，增长 17.2%；实现重工业增加值 69.34 亿元，增长 15.6%。铜仁市规模以上工业主要产品产量如附表 3 所示。

全年铁合金产量 67.98 万吨，年增长率为 25.8%；发电量 81.82 亿千瓦小时，年增长率为 1.1%；精制茶 1.00 吨，年增长率为 46.8%；卷烟65.00亿支，年增长率为8.3%；白酒0.32万升，年增长率为14.9%。

附表 3　2013 年规模以上工业主要产品产量

产品名称	单位	绝对数	年增长率/(%)
白酒	万升	0.32	14.9
水泥	万吨	585.13	−1.6
铁合金	万吨	67.98	25.8
大米	万吨	11.88	14.3
饲料	万吨	0.55	−13.8
精制食用植物油	万吨	2.16	−6.3
精制茶	吨	1.00	46.8
卷烟	亿支	65.00	8.3
企业用电量	亿千瓦小时	47.87	9.9
发电量	亿千瓦小时	81.82	1.1
其中：水电	亿千瓦小时	48.15	12.7
火电	亿千瓦小时	33.67	−11.9

全市规模(500 万元以上)以上工业企业资产总额 235.36 亿元，年增长率为 21.1%，实现营业收入 335.58 亿元，年增长率为 65.4%，实现利润总额 8.68 亿元，年增长率为 143.0%，实现税金总额 10.7 亿元，年增长率为 27.9%。

全年实现建筑业增加值 42.82 亿元，年增长率为 31.3%。全市资质以上等级施工单位完成施工总产值 24.78 亿元，年增长率为 71.5%，房屋施工面积 295.81 万平方米，年增长率为 35.2%，房屋竣工面积 121.07 万平方米，年增长率为 57.1%。

四、固定资产投资

铜仁市社会固定资产年投资 1002.10 亿元，年增长率为 42.6%，其中：完成固定资产投资 932.15 亿元，年增长率为 37.0%；完成限额以下固定资产投资 69.95 亿元，年增长率为 211.6%。

从固定资产投资分类来看，按国民经济行业划分，第一产业完成投资 70.36 亿元，年增长率为 50.4%，第二产业完成投资 178.95 亿元，年增长率为 41.1%，第三产业完成投资 682.84 亿元，年增长率为 34.7%；按投资总额的管理渠道划分，基本建设完成投资 697.95 亿元，年增长率为 32.6%，更新改造完成投资 71.90 亿元，年增长率为 30.0%，房地产开发完成投资 68.23 亿元，年增长率为 92.4%，其他完成投资 94.07 亿元，年增长率为 49.1%。铜仁市固定资产投资完成情况如附表 4 所示。

从固定资产投资资金来源看，全年资金来源总计 1041.20 亿元，年增长率为 37.0%，其中：国家预算内资金 193.06 亿元，年增长率为 37.7%；国内贷款 129.63 亿元，年增长率为 1.8%；自筹资金 668.00 亿元，年增长率为 55.2%。

附表 4　2013 年全社会固定资产投资完成情况

指标名称	绝对数/亿元	年增长率/(%)
全社会固定资产投资总额	1002.10	42.6
其中：固定资产投资	932.15	37.0
其中：基本建设	697.95	32.6
更新改造	71.90	30.0
房地产开发	68.23	92.4
其他	94.07	49.1
限额以下固定资产投资	69.95	211.6

五、国内贸易和物价

如附表 5 所示，铜仁市 2013 年全年实现社会消费品零售总额 118.82 亿元，年增长率为 14.4%，从销售单位所在地看：城镇实现消费品零售额 91.80 亿元，年增长率为 13.1%；乡村实现消费品零售额 27.02 亿元，年增长率为 18.8%。

如附表 6 所示，2013 年全年全市居民消费价格总指数为 102.4%，年增长率为 2.4%，其中：食品价格上涨 3.3%、烟酒及用品价格上涨

4.6%、衣着下降 0.1%、家庭设备用品及维修服务价格上涨 1.2%、医疗保健和个人用品价格上涨 0.4%、交通和通讯价格上涨 1.7%、娱乐教育文化用品及服务价格下降 2.0%、居住价格上涨 2.6%。

附表 5　2013 年社会消费品零售总额情况

指标名称	绝对数/亿元	年增长率/(%)
社会消费品零售总额	118.82	14.4
其中：城镇	91.80	13.1
农村	27.02	18.8

附表 6　2013 年居民消费价格指数(碧江区)

指标名称	价格指数/(%)	比上年增长/(%)
居民消费价格指数	102.4	2.4
食品	103.3	3.9
粮食	103.2	3.2
油脂	101.9	1.9
肉禽及制品	103.0	3.0
水产品	107.0	7.0
蛋	100.2	0.2
菜	101.4	1.4
干鲜瓜果	103.4	3.4
在外用膳食品	106.8	6.8
烟酒及用品	104.6	4.6
衣着	99.9	-0.1
家庭设备用品及维修服务	101.2	1.2
医疗保健和个人用品	100.4	0.4
交通和通信	101.7	1.7
娱乐教育文化用品及服务	102.0	2.0
居住	102.6	2.6
农业生产资料价格指数	104.1	4.1

六、邮电通信业

如附表 7 所示，铜仁市 2013 年全年实现邮电业务收入 17.66 亿元，年增长率为 18.1%，其中：电信业务收入 15.84 亿元，年增长率为 17.0%；邮政业务收入 1.82 亿元，年增长率为 29.1%。以常住人口计算，年末固定电话用户 21.27 万户，移动电话用户 194.64 万户，互联网用户 18.74 万户，电话普及率为 69.67 部/百人。

附表 7　2013 年邮电业发展情况

指标名称	单位	绝对数	年增长率/(%)
邮电业务总量	亿元	17.66	18.1
电信业务总量	亿元	15.84	17.0
邮政业务总量	亿元	1.82	29.1
年末固定电话用户	万户	21.27	–2.9
年末移动电话用户	万户	194.64	23.54
年末互联网用户	万户	18.74	4.48
电话普及率	部/百人	69.67	9.9

七、对外贸易和旅游业

全年直接进出口总额 1350 万美元，年增长率为 60.3%，其中：出口 1187 万美元，进口 163 万美元。间接进出口总额 41500.7 万美元，年增长率为 35.3%。

如附表 8 所示，铜仁市 2013 年全年共接待旅游人数 2030 万人次，年增长率为 9.7%；实现旅游总收入 157.07 亿元，年增长率为 31.4%。

附表 8　2013 年旅游业情况

指标名称	单位	绝对数	年增长率/(%)
接待旅游总人数	万人	2030	9.7
旅游总收入	亿元	157.07	31.4

八、财政税收和金融保险

如附表 9 所示，铜仁市 2013 年全年实现财政总收入 77.41 亿元，年增长率为 21.5%，其中公共财政预算收入 44.75 亿元，年增长率为 24.4%。公共财政预算收入中，税收收入 31.38 亿元，年增长率为 30.8%，非税收收入 13.37 亿元，年增长率为 11.7%。全年财政总支出 296.77 亿元，年增长率为 18.9%，其中公共财政预算支出 235.82 亿元，年增长率为 13.0%。公共财政预算支出中，一般公共服务支出 32.99 亿元，年增长率为 3.0%，教育支出 49.81 亿元，年增长率为 11.8%，科学技术支出 0.65 亿元，年增长率为 26.7%，社会保障和就业支出 24.32 亿元，年增长率为 19.5%，医疗卫生支出 21.51 亿元，年增长率为 11.0%，农林水事务支出 34.87 亿元，年增长率为–0.8%，交通运输支出 5.77 亿元，年增长率为 40.4%。

附表 9 2013 年财政收支情况

指标名称	绝对数/亿元	年增长率/(%)
财政总收入	77.41	21.5
其中：一般预算收入	44.75	24.4
其中：税收收入	31.38	30.8
非税收收入	13.37	11.7
财政总支出	296.77	18.9
其中：一般预算支出	235.82	13.0
其中：一般公共服务	32.99	3.0
教育	49.81	11.8
科学技术	0.65	26.7
社会保障和就业	24.32	19.5
医疗卫生	21.51	11.0
环境保护	6.16	–16.1
农林水事务	34.87	–0.8
交通运输	5.77	40.4
政府性基金支出	60.96	48.8

如附表10所示，铜仁市2013年全年实现税收总额达64.14亿元，年增长率为23.6%，其中：实现国家税收收入26.38亿元，年增长率为15.7%；实现地方税收收入37.76亿元，年增长率为29.7%。地方税收收入占公共财政预算收入的比重达84.4%。

附表10　2013年税收收入情况

指标名称	绝对数/亿元	年增长率/(%)
税收总额	64.14	23.6
其中：国税收入	26.38	15.7
其中：国内增值税	14.73	12.0
国内消费税	5.48	10.0
企业所得税	3.43	26.8
地税收入	37.76	29.7
其中：营业税	16.31	35.5
企业所得税	3.98	34.6
个人所得税	2.38	12.0
城市维护建设税	1.89	12.9

全部金融机构存款余额达660.30亿元，年增长率为23.1%，其中城乡居民储蓄余额421.72亿元，年增长率为26.8%。全部金融机构贷款余额472.99亿元，年增长率为24.0%。

保险业全年实现保费收入9.89亿元，年增长率为26.8%，其中：财产保险保费收入4.84亿元，年增长率为50.6%；人寿保险保费收入5.05亿元，年增长率为23.5%。赔款支出4.06亿元，年增长率为72.9%，其中：财产保险赔款2.43亿元，年增长率为20.9%，人寿保险赔款1.63亿元，年增长率为379.4%。

九、劳动就业和社会保障

铜仁市一年城镇新增就业5.5万人，年增长率为22.22%，城镇登记失业率为3.85%。全市完成职业技能培训2.4万人，年增长率为 8.11%；转移农业劳动力 7.6 万人，年增长率为 0.66%。

如附表 11 所示，铜仁市 2013 年除了中央及省驻铜单位和行政事业单位，全市参加基本养老保险累计人数 101 080 人，参加失业保险累计人数 875 16 人，参加基本医疗保险累计人数 456 343 人，参加工伤保险累计人数 143 604 人，参加生育保险累计人数 125 167 人。全市新型农村社会养老保险累计参保人数达 1 583 661 人，全市享受最低生活保障人数 82.32 万人，其中：城市最低生活保障人数 6.69 万人；农村最低生活保障人数 75.63 万人。

附表 11　2013 年社会保障情况

指标名称	单位	绝对数	年增长率/(%)
参加基本养老保险累计人数	人	101080	3.6
参加失业保险累计人数	人	87516	2.7
参加基本医疗保险累计人数	人	456343	1.4
参加工伤保险累计人数	人	143604	4.9
参加生育保险累计人数	人	125167	3.9
参加新型农村社会养老保险累计人数	人	1583661	11.1
全市得到最低生活保障救济累计人数	万人	82.32	−2.3

全市有福利院 11 个，床位 1078 张，集中供养人数 1532 人；敬老院 146 个，床位 7415 张，集中供养人数 4950 人。

十、人民生活

全市城镇居民人均可支配收入 18 366 元；人均消费性支出 10 524 元，其中：食品消费支出 3506 元，占家庭消费总支出的 33.3%；衣着消费支出 1075 元；居住消费支出 1207 元；家庭设备用品及服务消费支出 953 元；医疗保健消费支出 591 元；交通和通信消费支出 1465 元；教育文化和娱乐服务消费支出 1449 元；其他商品及服务消费支出 278 元。城镇居民人均建筑面积 39.93 平方米。铜仁市 2013 年每百户城镇居民拥有耐用消费品情况如附表 12 所示。

附表 12　2013 年每百户城镇居民家庭拥有耐用消费品

指标名称	单位	绝对数
彩色电视机	台	101
电冰箱	台	92
洗衣机	台	91
移动电话	部	201
家用空调器	台	67
家用电脑	台	54

附表 13 为铜仁市 2013 年农村居民拥有耐用消费品情况。近年来，铜仁市农村居民收入快速增长。全市农村居民人均纯收入 5397 元，年增长率为 15.5%，其中：工资性收入 2987 元，年增长率为 44.2%；家庭经营性收入 1978 元，年增长率为 –9.1%；财产性和转移性收入 432 元，年增长率为 1.9%。人均生活消费支出 4457 元，年增长率为 4.9%，其中：食品消费支出 2035 元，年增长率为 5.7%，农村家庭恩格尔系数为 45.7%；衣着消费支出 277 元，年增长率为 12.1%；家庭设备及用品消费支出 306 元，年增长率为 13.3%；医疗保健消费支出 368 元，年增长率为 –5.2%；交通和通信消费支出 363 元，年增长率为 –14.4%；文化教育、娱乐消费支出 294 元，年增长率为 16.2%；居住消费支出 722 元，年增长率为 12.5%；其他消费支出 93 元，年增长率为 –7%。农村居民人均住房面积 30 平方米。

附表 13　2013 年每百户农村居民拥有耐用消费品

指标名称	单位	绝对数	年增长率/(%)
彩色电视机	台	92	–7.1
电冰箱	台	60	–7.7
洗衣机	台	63	23.5
移动电话	部	153	–11.6
摩托车	辆	35	–2.8

十一、交通运输

铜仁市位于云贵高原连接东部沿海地区的重要交通要道之间。湘黔铁路、珠六铁路复线、渝怀铁路过境该市四个县、区。铜仁凤凰机场先后开通贵阳、长沙、重庆、广州、上海、北京、深圳、桂林8条航线，现已并入首都机场集团。贵阳至大龙的高速公路目前已全线开通，东出湖南长沙、西进省城贵阳。全市县县通油路，出境公路均为二级以上高等级公路。在建铜仁(江口)至玉屏城际铁路、渝怀铁路复线铜仁段、铜仁大兴机场改扩建、乌江航道整治、供电网建设规划(建设期三年、总投资 52 亿元)等一批大项目列入国家和省重点支持发展项目。200吨航船可通乌江进入长江直达东海，铜仁至大龙高速公路、杭州至瑞丽高速公路铜仁段开通。

(一) 航空

铜仁凤凰机场(IATA 代码：TEN；ICAO 代码：ZUTR)始建于1958年，1972年首次通航，1982年停航。2001年，投资1.63亿元的铜仁机场改扩建工程完工，铜仁机场成功复航。铜仁机场距铜仁市城区21千米，距凤凰县城34千米，2009年10月28日更名，为铜仁市和湘西自治州共享。铜仁凤凰机场先后开通贵阳、长沙、重庆、广州、上海、北京、深圳、桂林航线，现已并入首都机场集团。另外，通航机场的建设得到加强，特别是对于旅游区的通航机场建设，包括直升机停机坪和一些小型飞机机场，使得游客从铜仁凤凰机场下机后能直接乘坐小型飞机转机到旅游区。

截至 2015 年已开通铜仁至贵阳、北京、上海、广州、昆明、深圳、杭州、长沙、厦门等城市航线。是武陵山区连接沿海地区重要空中综合交通枢纽之一。机场服务武陵山铜仁、湘西等两地。铜仁凤凰机场航班情况如附表14所示。

附表 14　2015 年铜仁凤凰机场夏秋航班时刻表(2015.3.29—2015.10.31)

航线	航班号	航程	起飞时间	到达时间	班期	执飞公司及机型
厦门航线	SC8771	厦门至铜仁	18:20	20:30	每周一、二、四、六	山东航 B737-800 (167 座)
	SC8772	铜仁至厦门	21:15	23:10	每周一、二、四、六	
北京航线	CZ3994	北京至铜仁	06:20	09:10	每周一、三、五、七	南航 A319 (121 座)
	CZ3993	铜仁至北京	21:50	00:40(次日)	每周一、三、五、七	
广州航线	CZ3922	铜仁至广州	09:50	11:25	每周一、三、五、七	
	CZ3921	广州至铜仁	19:35	21:10	每周一、三、五、七	
深圳航线	CZ6195	深圳至铜仁	07:50	09:10	每周二、六	
	CZ6196	铜仁至深圳	10:20	11:45	每周二、六	
上海航线	MU5882	上海至铜仁	07:40	09:55	每一、三、五、七	东航 B737-700 (132 座)
	MU5881	铜仁至上海	21:55	23:45	每一、三、五、七	
杭州航线	MU5872	杭州至铜仁	14:05	16:00	每周二、四、六	
	MU5871	铜仁至杭州	11:10	12:50	每周二、四、六	
昆明航线	MU5881	昆明至铜仁	20:00	21:15	每一、三、五、七	
	MU5882	铜仁至昆明	10:40	11:50	每一、三、五、七	
	MU5871	昆明至铜仁	09:20	10:30	每周二、四、六	
	MU5872	铜仁至昆明	16:50	18:10	每周二、四、六	
贵阳航线	GS6459	贵阳至铜仁	09:00	09:35	每周一至周日	天津航空 EMB190 (106 座) EMB191 (98 座)
	GS6460	铜仁至贵阳	10:25	11:00	每周一至周日	
	GS7503	贵阳至铜仁	11:50	12:25	每周一至周日	
	GS7504	铜仁至贵阳	13:15	13:50	每周一至周日	
	GS7505	贵阳至铜仁	14:40	15:15	每周一至周日	
	GS7506	铜仁至贵阳	16:05	16:40	每周一至周日	
	GS7473	贵阳至铜仁	17:30	18:05	每周一至周日	
	GS7474	铜仁至贵阳	18:55	19:30	每周一至周日	

(二) 铁路

全长 118 千米的湘黔铁路复线和渝怀铁路在铜仁境内。沪昆铁路客运专线境内长 36.65 千米，设计时速为 350 千米，2015 年全线通车。铜仁至玉屏铁路工全长 46.9 千米，设计时速 200 千米，计划 2016 年通车。

(三) 公路

截至 2013 年，全市公路通车里程 22 759 千米，其中高速公路里程 315 千米，新增 228 千米，8 个区、县实现通高速；机动车保有量 314 685 辆，年增长率为 16.7%，其中：汽车保有量 111 447 辆，年增长率为 29.4%；摩托车保有量 203 158 辆，年增长率为 10.7%；其他车辆保有量 80 辆，年增长率为 42.9%；全年实现公路旅客运输量 15 100 万人，旅客周转量 1 300 510 万人千米，货物运输量 3170 万吨，货物周转量 508 619 万吨千米。配套建成了公路枢纽中心服务站及县、乡站场 119 个，其中客运站 63 个。G60 沪昆高速公路玉屏段、G56 杭瑞高速公路大思段、G56 杭瑞高速公路思遵段、思南县经石阡县至黔东南州剑河县高速公路(思剑高速公路)和铜仁至大龙高速公路(S15 铜大高速公路)已建成通车，实现了县县通高速。

附录二

铜仁市名人

(主要参考和引用百度网资料)

龙世昌：(1928～1952)，贵州松桃人，苗族，上甘岭战役战斗英雄。1950 年参加中国人民解放军，1952 年 10 月 19 日在朝鲜上甘岭战役夺取 597.9 高地主峰的战斗中，连续爆破美军两个地堡，为部队开辟了前进道路。当部队行进至 9 号阵地时，又遇敌火力封锁。龙世昌手臂和腿部负伤，再次强行将爆破筒塞进敌地堡，被推了出来。他立即抓起冒着白烟的爆破筒又塞进去，敌人拼命往外推，在即将爆炸的瞬间，毅然用身躯抵住爆破筒，炸毁敌堡而牺牲。1953 年，龙世昌被中国人民志愿军总部追记特等功，授予二级战斗英雄称号。朝鲜民主主义人民共和国追授其二级国旗勋章。

吴向必：1926 年 12 月，吴向必生于贫寒的松桃县牛郎镇苗族家庭。1949 年先后任牛郎第二村村长、土改工作队队长、乡长、区长、区委书记。1956～1967 年，吴向必任铜仁县委副书记，松桃苗族自治县委副书记、书记、贵州省委委员。1973 年 9 月任贵州省委书记。1978 年 12 月～1982 年 7 月任中央民族学院副院长、党委常委，任第 5～8 届全国人大代表，第 5、第 6 届全国人大民族委员会副主任；中共 10～12 届中央候补委员。1997 年 4 月 3 日，吴向必在北京去世，享年 72 岁。

成世瑄：字师薛，号琨圃，亦号兰生。自幼聪敏，勤学上进。嘉庆九年(1840年)府试第一名，院试考取生员，旋补廪生。嘉庆十八年(1813年)选拔贡生并乡试中举人。嘉庆二十二年(1817年)，赴京会试，中第14名进士，入翰林院进修为庶吉士。嘉庆二十四年，授翰林院编修，又供职司空署。公余常向郭太仆请教书法，书艺大进。

道光元年(1821年)，充武英殿提调。四年(1824年)京朝考绩列一等，记名以道府侯用，次年任浙江衢州知府，九月改任福州知府，一年后又调任杭州知府。治杭4载，殚精竭虑，小大毕举，弊绝风清。此后，清世宗先后在圆明园、勤政殿7次召见，任命为宁夏知府，后升江(苏)、安(徽)粮道、河南按察使司，旋代理布政使司。

道光二十年(1840 年)，任江宁(今南京)布政使司，值鸦片战争爆发，英国侵略军进攻定海，两江总督御敌身亡，军务紧急，用度浩繁，时江淮洪水泛滥，灾民无数，须筹措赈济。诸事纷至沓来，数月之间，日咯血数次，仍不敢偷安调息。道光二十二年(1842年)四月十八日，力尽身颓，忧劳卒于任所。

席正铭：1884 年，席正铭生于沿河县大垭乡，1907 年考入贵州陆军小学堂，学习刻苦、思想活跃，受资产阶级民主革命思想影响，组织成立“历史研究会”进行反清革命活动。

1910年，席正铭升读武昌陆军第三中学，继续从事反清革命活动。在武昌成立“竞存社”进行反清革命宣传。同年6月，在于佑任、宋教仁的帮助下，他加入“同盟会”，被推为学生代表参与辛亥革命起义的酝酿策划工作。起义成功后，他先后受任湖北都督府参军、贵州宣抚使、留都督府襄赞。不久，受孙中山派遣，随杨荩诚(受任贵州都督)回黔。1914年，他入黔失利后，东渡日本追随孙中山，先后担任中华革命党贵州支部长、贵州司令长官部参谋长、中将参军等职。1919年11月，席正铭受任黔军总司令。1920年2月8日，他上任途经四川白市驿被谋害，年仅36岁，孙中山得此噩耗痛惜不已，亲笔题词："席正铭烈士。"黄兴题词："男儿的一代英雄！"

旷继勋：原名大勋，号集成，1895 年生于思南县大河坝庙塘湾村。1916 年，他随父去四川，到军阀赖心辉部当兵。1920～1925 年，旷继勋先后担任连长、营长、团长、旅长等职，1926 年加入中国共产党。1930 年 1 月，党中央在湖北监利县组建红六军，旷继勋任军长。同年 7 月，红六军与贺龙领导的红四军合编为红二军团。次年，旷继勋被派到鄂豫皖革命根据地担任中国工农红军第四军军长。1931 年 10 月，党中央派旷继勋到二十五军任军长。1932 年初，旷继勋率军解放霍丘时因敌众我寡，县城陷落。张国焘却以此为由撤销旷继勋的军长职务。解放通江后，旷继勋任川陕临时革命委员会主席，因写信给原在军阀部队中的几位朋友，劝其带兵起义，信落在张国焘手中，成了"与国民党勾结"的"罪证"，被逮捕并于 1933 年 6 月秘密杀害。

杨胜治：字国祥，1895 年出生于贵州省铜仁县城关镇(现市中心办事处)。1910 年，杨胜治 15 岁应征入伍，他在四川成都、贵州遵义等地征战中屡建奇功。1926 年 7 月，国民革命军北伐征讨吴佩孚，杨胜治当时任第十军 29 师师长，奉命率部在湖南洪江誓师北伐。杨胜治所在这支不到 3 万人的部队，一路过关斩将，所向披靡，被李宗仁称为"钢军"。1927 年 5 月，杨胜治随军长王天培率部攻克安庆、合肥、蚌埠、徐州、鲁南、泰安，队伍由 3 万人发展到 4 万人。1927 年年底，杨胜治任第十军军长。1928 年初，杨胜治奉命继续讨伐孙传芳部和张宗昌部。在血战夹沟、云龙山、卧牛山、九里山等险要地点时，杨胜治指挥军队英勇奋战，喊声震天，战斗异常激烈，持续 15 个昼夜，攻克徐州，俘敌数千人。

1931 年春，蒋介石将第十师番号撤销，其部 9 万余人全部编入嫡系第二师和第三师，杨胜治调任第二师师长，但因病医治无效，于 1931 年 3 月 21 日病故，时年 36 岁，葬于南京紫金山公墓。蒋介石追认其为陆军上将，并亲自撰写《杨国祥上将传略》。

严寅亮：(1854～1933)，名碧承，字剩庵，号弼岑，印江县农场乡阳坡村人，清朝末年著名书法家。寅亮幼年入私塾读书，学识超群，尤好书法，常临摹六朝唐宋诸家书贴，酷爱王羲之的字，在14岁时便能提笔书匾联。

于光绪十五年(1889)上贵阳乡试，中己丑恩科举人，获得候补知县官职，赴京会试未中，在国子监习业，以求深造。光绪十七年九月，清政府修建颐和园完工，诏谕国中书法家书写颐和园匾额。严寅亮受翁同和之嘱托，写下“颐和园”三字献上，慈禧大为欣喜，朱批“录用”，并召见，赐龙纹镶边的“宸赏”玉章一枚。

严寅亮不仅以书法闻名于世，文辞亦佳。贵阳市大西门外卢焘母亲的墓园石刻联“春晖寸草夜郎道，明月梅花慈母园”、黄果树“观瀑亭”联“白水如棉不用弓弹花自散，红霞似锦何须梭织天生成。”都是严寅亮的作品。著名书法鉴赏家张冤堂、饶伯高赞他“书法可比东坡、道德可比庐陵”。

杨芳：(1770～1846)，字通逵，号诚村，军队行伍出身，历经清乾、嘉、道三朝。封过太子太傅、一等果勇侯。

清乾隆三十五年(1770年)，杨芳出生在松桃县城南门大街的农民世家，家境贫寒，10岁入塾读书，13岁应童子试，16岁应乡试，因忤逆学使被逐出学校，愤而投笔从戎，进铜仁协左营行伍，开始历时57年的军旅生涯。自乾隆三十五年(1795年)至道光五年(1825年)先后被提升为松桃协额外外委、镇远把总、镇远营千总、贵州下江游击、宁陕总兵、广东右翼镇总兵、汉中镇总兵，历任甘肃、直隶、固原、湖南等地提督等职。道光廿年(1840年)六月，英帝国主义发动第一次鸦片战争。户部尚书隆文和湖南提督杨芳为参赞大臣，调集各省兵力17000余人，开赴广州。杨芳在兵力薄弱的情况下，提出“只可守近不能远攻”的作战原则，采取一系列军事调动，痛击英军并获胜。道光二十三年(1843)，道光帝念他“常年戎马沙场，劳苦功高”，准予回籍松桃。杨芳回松桃后，深居简出，于道光二十六年(1846 年)病逝，享年 76 岁。道光帝诏谕：“照提督例赐恤”，谥号“勤勇”。

周逸群：(1898－1931)，字立凤，贵州省铜仁县城关镇人。中国无产阶级革命家，湘鄂西红军与革命根据地的主要创建人之一。周逸群于 1898 年出生在铜仁，7 岁入铜仁城南小学，15 岁以优异成绩考入贵阳南明学校中学部，博览群书，尤爱中国历史，特别崇拜著名历史人物。他的作文《诸葛亮辅汉于蜀论》被评为全校优秀文章，刊于《南明杂志》。周逸群还以热烈的爱国热情，投入反袁世凯复辟帝制的斗争，拥护贵州独立，被誉为“有抱负的青年”。1919 年东渡日本留学，1924 年赴黄埔军校学习，后来加入中国共产党，是中国青年军人联合会的领导人之一。北伐战争时，率宣传队到贺龙部队，任政治部主任。“八一”南昌起义时，担任起义军二十军第三师师长。1928 年 1 月，奉命与贺龙一起到湘鄂本西地区创建工农武装。历任中共湘西北特委书记、鄂西特委书记、红军第六军政治委员、红军第二军团政治委员和前委书记、湘鄂西联县政府主席等职位，领导开辟了湘鄂西革命根据地。1931 年 5 月，于湖南岳阳贾家凉亭附近遭敌伏击，壮烈牺牲，享年 33 岁。

在 2009 年 9 月 14 日，周逸群被评为 100 位为新中国成立作出突出贡献的英雄模范之一。

梅济鼎：(？－1856)，清朝贵州铜仁人。清道光时举人。因痛恨苛政，于咸丰五年(1855)十月与徐廷杰在铜仁率众起义，攻陷铜仁府文武衙门，击毙知府。随即与江口刘世美、印江田宗达等呼应，率众再次起义。他们以反“折征”为口号，头带红巾，故称为“红号军”，梅济鼎为红号军首领之一。红号军士气旺盛，连陷松桃、思南、石阡、印江、玉屏、青溪等城镇，并向湖南进军，义军队伍壮大到万余人。咸丰六年(1856)正月，湘军攻占铜仁。在激战中，梅济鼎等牺牲。

戴秉国：男，土家族，1941年3月生，贵州铜仁印江人，1973年6月加入中国共产党，1964年9月参加工作，四川大学外语系俄语专业毕业。国务委员，先后任中央外事工作领导小组办公室主任、中央国家安全工作领导小组办公室主任、外交部部长。

参考文献

[1] 陈毓遂. 贵州地质演化的基本轮廓. 贵州地质，1984(1)：65-78.

[2] 戴传固，陈建书，卢定彪，等. 黔东及邻区武陵运动及其地质意义. 地质力学学报，2010(1)：78-84.

[3] 丁军，郑廷鹏，甘益芬，等. 可开发的梵净山藤本植物初步研究. 黑龙江农业科学，2012(3)：95-98.

[4] 贵州梵净山官网，“梵天净土.桃源铜仁”12 景区之首：梵净山. http: //www.gzfjs.gov.cn/2015/ 0814/ redian 2951.html

[5] 贵州梵净山科学考察集编辑委员会. 梵净山科学考察集. 北京：中国环境科学出版社，1986.

[6] 胡涛. 铜仁地区地质灾害发育现状及其地质环境条件浅析. 矿物学报，2007(27)：545-548。

[7] “活化石”：珙桐(2014-08-24). [2016-03-01]. http://www.jiangkou.gov.cn/ article.jsp?id=10360&itemId=377

[8] 李明晶. 绿色瑰宝：贵州梵净山国家级自然保护区. 野生动物，2005(5)：15-16.

[9] 廖雯，左经会. 贵州梵净山国家自然保护区药用种子植物区系研究. 安徽农业科学，2008，36(34):15038-15042.

[10] 刘冬梅，孙辉，方自力. 土壤环境质量研究的回顾和展望. 四川环境，2009，28(1):73-77.

[11] 刘剑秋，等. 福建武夷山生物多样性研究信息平台. 北京：科学出版社，2012.

[12] 刘磊. 对贵州非物质文化遗产的认识与思考. 贵州文史丛刊，2009(3): 98-102.

[13] 刘明智，谢光新，姚鹏，等. 贵州梵净山乡土园林植物资源调查及应用. 广东园林，2010(5)：56-59.

[14] 刘佩芝：试论三清山申报世界遗产的优势. 上饶师范学院学报，2007，27(5)：29-33.

[15] 罗世家. 珙桐种子的解剖研究. 湖北民族学院学报：自然科学版，2002，20(4)：18-19.

[16] 彭丽芬，李新贵. 环线公路建设对梵净山自然保护区生物多样性的影响评价. 四川林勘设计，2011(1)：61-65.

[17] 石阡县民族事务委员会，《石阡民族志》，1989.

[18] 孙克勤. 中国的世界遗产保护与可持续发展研究. 中国地质大学学报: 社会科学版，2008，3(01)：36-40.

[19] 谭志国. 土家族非物质文化遗产保护与开发研究. 北京：世界图书出版公司，2013.

[20] 铜仁地区旅游局. 梵净山文化旅游经济圈发展战略规划2010—2020(评审稿). 2010.

[21] 铜仁市统计局,铜仁市 2012 年国民经济和社会发展统计公报.

[22] 铜仁市统计局,铜仁市 2013 年国民经济和社会发展统计公报.

[23] 铜仁市政府，2014 铜仁市政府工作报告.

[24] 铜仁市政府，2015 铜仁市政府工作报告.

[25] 铜仁市政府，梵净山文化旅游经济圈发展总体规划.

[26] 铜仁市政府，铜仁市十二五规划.

[27] 王晖. 贵州梵净山自然保护区蕨类植物区系及垂直分布格局的研究. 贵阳：贵州大学，2008.

[28] 王立亭. 贵州古地理的演变. 贵州地质，1994(2):133-140.

[29] 王能俊. 梵净山生物多样性在申报世界自然遗产中的优势地位研究. [毕业论文]，2015.

[30] 王新花，李传荣. 泰山生物多样性. 北京：知识产权出版社，2013.

[31] 王砚耕. 贵州东部大塘坡组地层沉积环境和成锰作用. 贵阳：贵州人民出版社, 1995.

[32] 丁晏，吴安坤，张淑霞. 梵净山景区雷电环境特征分析. 环境研究与监测，2014，27(2): 1-4.
[33] 杨海龙. 贵州：梵净山国家级自然保护区黔金丝猴生境的分析. 北京：中国林业科学研究院，2008.10.
[34] 杨海龙，李迪强，朵海瑞，等. 梵净山国家级自然保护区植被分布与黔金丝猴生境选择. 林业科学研究，2010(3): 393-398.
[35] 张广荣. 梵净山冷杉的保护遗传学研究. 桂林：广西师范大学，2008.1.
[36] 张国斌. 黄山市生物多样性的现状及保护对策的研究. 黄山学院学报，2005，7(6):54-55.
[37] 张雷，冉辉，梁琍，等. 梵净山国家自然保护区爬行动物资源调查. 铜仁学院学报，2011(4)：128-132.
[38] 张玉武，杨红萍. 贵州梵净山生物圈保护区藤本植物资源特点. 贵州科学，2003，21(3): 75-80.
[39] 张玉武，杨红萍，杨瑞，等. 贵州梵净山生物圈保护区兰科植物区系特征. 广西植物，2010，30(4): 471-477.
[40] 周成霞，吴兴洋，潘徐燕，等. 铜仁国家基本站气象要素代表性、连续性分析. 贵州气象，2010(2)：20-22.
[41] 周德全，刘秀明，姜立君，等. 贵州高原层状地貌与高原抬升. 地球与环境，2005(2).79-84.
[42] 贵州省林业厅等. 梵净山研究. 贵阳：贵州人民出版社，1990.

图书在版编目（CIP）数据

铜仁地理/黄昌庆主编. —西安：西安电子科技大学出版社，2016.12
ISBN 978-7-5606-4243-7

Ⅰ. ① 铜…　Ⅱ. ① 黄…　Ⅲ. ① 地理—铜仁市　Ⅳ. ① K927.33

中国版本图书馆 CIP 数据核字(2016)第 181481 号

策划编辑　刘小莉
责任编辑　魏　薇　阎　彬
出版发行　西安电子科技大学出版社(西安市太白南路 2 号)
电　　话　(029)88242885　88201467　　邮　　编　710071
网　　址　www.xduph.com　　电子邮箱　xdupfxb001@163.com
经　　销　新华书店
印刷单位　虎彩印艺股份有限公司
版　　次　2016 年 12 月第 1 版　2016 年 12 月第 1 次印刷
开　　本　850 毫米×1168 毫米　1/32　印　张　5.25
字　　数　125 千字
定　　价　23.00 元
ISBN 978-7-5606-4243-7/K

XDUP 4535001-1